도덕경 백서본,
그 어느 무신론자의 독백

도덕경 백서본, 그 어느 무신론자의 독백

발행일	2023년 11월 24일		
지은이	신기재(하빈)		
펴낸이	손형국		
펴낸곳	(주)북랩		
편집인	선일영	편집	윤용민, 배진용, 김부경, 김다빈
디자인	이현수, 김민하, 임진형, 안유경	제작	박기성, 구성우, 이창영, 배상진
마케팅	김회란, 박진관		
출판등록	2004. 12. 1(제2012-000051호.)		
주소	서울특별시 금천구 가산디지털 1로 168, 우림라이온스밸리 B동 B113~114호, C동 B101호		
홈페이지	www.book.co.kr		
전화번호	(02)2026-5777	팩스	(02)3159-9637

ISBN   979-11-93499-60-3 03100 (종이책)   979-11-93499-61-0 05100 (전자책)

(주)북랩 성공출판의 파트너

북랩 홈페이지와 패밀리 사이트에서 다양한 출판 솔루션을 만나 보세요!

홈페이지 book.co.kr   •   **블로그** blog.naver.com/essaybook   •   **출판문의** book@book.co.kr

작가 연락처 문의 ▸ ask.book.co.kr

작가 연락처는 개인정보이므로 북랩에서 알려드릴 수 없습니다.

노자의 참뜻과 무위자연의 본질을 찾아서

도덕경 백서본,
그 어느 무신론자의 독백

하빈 지음

기존의 국가, 종교, 경제 조직, 지식 체계, 그 어느 것도
인류의 생존에 관한 답을 우리에게 주지 않는다.

현존하는 어떤 제도보다 월등하고 효과적인 제도가
틀림없이 존재할 것이다.

― 칼 세이건 ―

서문

생명의 근원은 빛이고 빛의 근원은 태양이다. 태초에 지구와 달의 거리는 현재보다 훨씬 가까웠고 그만큼 현재보다 월등한 조석력에 기인한 조건에 의해서 스스로 복제가 가능한 분자가 나타나 결국 생명체로 발전했기에 달이 생명의 기원이라는 주장도 있고, 지난날에 토담 너머 뜨는 청초한 달을 보며 일상사의 안녕을 빌던 어머니들의 다함없는 기원도 있었지만 이 모든 주장이나 바람도 빛이 있은 후에나 가능한 이야기다.

가령 지구의 자전축이 태양을 도는 궤도상에서 23도쯤 기울어져 있지 않고 수성과 금성처럼 거의 수직을 이루고 있었다면 햇빛이 지상에 비추는 각도가 항상 일정할 것이다. 따라서 어제와 같은 오늘이 연속될 것이므로 지상의 모든 생명체들은 시간이 멈춰버린 것과 같은 세상을 보다 고요하게 살았을 것이며, 따라서 인간들도 기온이 부단하게 변하는 환경에 적응하기 위한 노력의 결과물인 오늘날의 문명도 일구지 않았을 것이다.

그래서 자유로운 사유가 가능했던 고대인들은 당연히 태양에 최고 신격의 의미를 부여하고 경외심을 견지하고 한편으로는 세심하게 관찰한 결과 새해의 시작으로 가장 합당한 춘분점을 기준으로 볼 때 태양이 떠오르는 위치가 이동하여 대략 25,000년 만에 원위치가 된다는 사실을 알아냈다. 이것은 일반적으로는 요지부동으로 알고 있는 지구 자체의 요동인 세차운동의 발견이 되겠지만, 이런 천문학에 대한 이해를 바탕으로 태양이 일순하는 천체에 주로 동물을 연상한 열두 개의 별자리를 설정한 것이 점성학의 '황도 십이궁'이고, 그러면 태양이 한 궁에 머무는 시간이 대략 2,000년간이 된다. 생명의 근원인 태양이 천체에서 그 위치를 옮긴다는 것은 당연히 지상의 생태계에 막대한 변화를 초래할 것이며, 따라서 대략 2,000년을 한 주기로 이 세상은 어떤 획기적인 변화의 시대를 맞이한다는 결론이 도출될 수가 있을 것이다.

지금으로부터 대략 이천 년 전에 숫양자리(백양궁) 시대를 마감하고 물고기자리(쌍어궁) 시대로 들어섰는데, 놀랍게도 때맞추어 대체로 볼 때 우랄과 히말라야라는 산맥을 기점으로 양분된 서구와 동양도 보다 자연스런 형태의 도시국가 혹은 군현국가들이 하나둘 통합되면서 대동소이한 양상의 정치 체제, 로마제국과 한漢제국이 출현했다. 이후 지난 이천 년간의 인간 역사는 이들 두 제국이 변신을 거듭하며 세상을 주름잡은 세월에 다름이 아니었기에 그 시점은 인류 역사에 그야말로 획기적인 변화의 분기점이 아닐 수 없다.

그런데 점성학의 계산대로라면 물고기자리 이천 년도 어느덧 저물고 이제 물병자리(보병궁)라는 새로운 시대에 이르렀고, 또한 놀랍게도 현실은 기존의 운영 방식으로는 결코 지탱할 수 없는 획기적인 변화가 불가피한 시점에 이른 것이다. 즉, 지난 이천 년은 세계통일제국을 위한 시대였고 이제 기존의 국가적 울타리는 초토화된 것이나 다름없기에 그토록 지향하던 세계화 완성이라는 전대미문의 새로운 시대에 인류는 다다른 것이다.

돌이켜보면 백성들은 식물과 같은 존재들이고 부상한 지배 권력은 스스로 잉태한 기생충의 숙주 역할이 소진되면서 붕괴를 거듭했을 뿐, 본질은 조금도 다름없이 지속된 것이 진정한 인류의 역사다. 그래서 점성술이 예언하는 진실은 발현된 생태계의 어떤 질서 체제가 버틸 수 있는 한계 세월이 이천 년간이라는 말인지 모른다.

바야흐로 민주주의라는 허울을 쓴 자본주의가 신자유주의라는 때때옷으로 갈아입고 돌이킬 수 없는 미궁 속으로 점점 빠져들고 있는 오늘날의 인간세계가 진정한 제고의 계기를 얻지 못하고 가던 길을 그대로 가게 된다면 세계통일왕국을 세우기 위한 건곤일척의 '아마겟돈'은 실제가 될 수밖에 없을 것이다. 이처럼 시시각각으로 덮쳐오는 세계화 광풍이 지속 가능한 생명의 마지막 한 줄기 여명마저 휩쓸고 있는 미증유의 시대를 맞이한 지금 우리 인간은 무엇으로, 어떤 의지로, 밀려드는 물결을 견디며 주어진 일생을 가늠하고 생명의 본연인 후대의 존속도 기약할 수 있을까?

나아갈 앞날이 불안정하면 지난 역사를 돌아보며 그 지혜를 찾는다. 지난날을 말미암아 현재가 있기 때문이다. 그러나 오늘날의 우리는 지난 시대를 보지 못했기 때문에 기록을 통해서만 과거를 이해하게 되고, 따라서 정치 권력은 사서史書 편찬권을 오로지하고 선악에 대한 판단도 오로지하게 된다. 가령 오늘날의 정치 권력이 자본에게 있다면 과거의 모든 역사는 자본의 입맛에 맞는 기록으로 차출되어 우리 앞에 펼쳐지게 된다.

그래서 역사는 스스로 거시적인 안목을 견지하지 않으면 어느덧 실질적인 생존 수단을 상실한 나머지 주어진 조건에 편승해서 일생을 도모할 뿐인 각종 학자라는 이름의 좀비들이 지배 권력이 용인하는 범위 내에서 제각기 중구난방으로 제시하는 이정표를 따라 하염없이 헤매게 될 뿐 어떤 실체도 보지 못한다. 그렇게 진실한 역사를 알지 못하면 오늘의 진실도 알 수가 없고, 오늘을 가늠하지 못하면 이미 도래한 세계화 세상의 실체도 알 수가 없기에 각자는 나름대로 주어지는 좀비 역할을 다하게 될 뿐이고, 이것이 바로 거대한 단일 시스템 아래 한낱 부품으로 전락한 인간들이 일말의 이성도 상실한 채 생존이라는 생명의 원초적 본능에 따라 서로 먹고 먹히는 아비규환의

도덕경 백서본, 그 어느 무신론자의 독백

지경으로 점점 더 깊이 들어서게 되는 단초가 되는 것이고 그 전경은 눈을 뜨고 보면 이미 현실에 전개되어 있는 것이다.

그래서 눈이 멀어버린 세상이 되어 보고도 읽지 못하는 2,000년 만에 드러난 진실을 더듬어보기 전에 우선 오늘날 문명의 실질적 기원이라 할 수 있는 인간사의 양대 줄기, 지중해 문명과 황하 문명에서 기인한 로마제국과 한漢제국이 말미암아진 내력과 이후 발자취를 기존의 교과서적 역사를 벗어나 대강을 살펴볼 것이다. 모든 내용은 기존의 문헌이나 서적을 접하고 진실이라 판단되는 것을 취사선택하여 스스로의 주관을 곁들여서 경우에 따라 활용한 인용의 나열에 다름 아닌 것인데, 따져보면 누구인들 무슨 재주가 있어 지난 세상을 꿰뚫어 볼 수 있겠는가! 그래서 세상의 모든 사유도 이 범주를 크게 벗어나지 못할 것이며 역사는 그렇게 이어져왔고, 앞으로도 그렇게 이어져갈 것이다.

좌우간 본 일서에는 이렇게 말하고 있다.

知者不言 言者不知 塞其悶 閉其門…

아는 자 말이 없고 떠드는 자 아는 것이 없다.
세상으로 열린 문을 닫고 정좌하여 실정들을 관조하면 만물이 동일하다는 현묘한 경지에 이르게 된다. 그리하여 그 어떤 가까움도 멀어짐도 더해지지 않고, 그 어떤 이로움도 해로움도 더해지지 않고, 그 어떤 귀중함도 천함도 더해지지 않고, 그래서 세상에 더없이 귀중한 존재가 되는 것이다.

이해하기에 간단한 말은 아니지만 혼미한 세상을 따라서 부화뇌동하지 말고 그렇다고 앞에 나서는 주제넘는 짓도 하지 말고 가만히 있으라는 의미도 가능하다. 실제로 그렇게 말하고 있다.

일서의 본편(속칭 덕경)에서 玄同이라는 소제목으로 분류한 대목의 첫 부분 使我介有知也 이하가 위세를 떨치며 떠벌리는 소리에 부화뇌동하는 것을, 이어지는 正邦의 光而不眺로 일단락되는 끝부분이 혼미한 세상이니 나서는 자체로 혼미함은 가중된다. 그러니 너부터 가만히 있으라는 말을 직설적으로 하고 있다.

기왕에 한 구절을 더 보도록 한다.

百姓皆屬耳目焉聖人皆咳之

(어찌어찌하여 성인이 백성들과 함께 살아가는데) 사람들이 이를 알아보고 눈귀를 기울이며 따를지라도 성인은 갓난아이 미소 같은 표정으로만 그들을 대할 뿐이다.

순진무구한 영아의 표정을 빌어서 세상을 여지없이 꿰뚫고 있는데 즉슨, 단상에 올라 떠드는 자 모두 사이비라는 말이 된다. 그래서 이렇게 툭 던져진 한마디가 십중팔구는 꼼짝없이 자기부정이 될 것이니 보고도 읽지 못하는 경우도 있을 것인데, 문제는 이런 경우가 쌓이고 쌓여 혼미한 세상이 초래된다는 것이다.

속절없이 자원을 낭비하며 쓰레기 더미에 넌져지는 세상에 쏟아져 나오는 대부분의 책들, 그 부질없음을 모르는 바도 아니다. 하지만 그 가운데 하나가 되는 무모함을 무릅쓰고 이처럼 주제넘게 된 것은 지난날에 본 일서가 세상에 던져질 때처럼 절실한 일념에서 말미암은 것이며, 이로써 고악古岳 같은 현실의 지식 체계가 허물어지진 않겠지만 그것은 내 알 바가 아니고, 다만 옛날에 임금님의 당나귀 귀를 본 이발사의 심정처럼 알 수 없는 무게의 짐을 갈대밭에 벗어던져 버리는 것과도 같은 심정의 발로라는 변명을 해본다.

혹시 알겠는가!

갈대가 바람을 따라 일렁일 때마다 합창을 할지를.

임금님 귀는 당나귀 귀다!

아무튼 외람됨은 금할 수가 없다.

2023년 가을
하빈

차례

서문   7

제1부
산맥의 서쪽

1.	서구, 그들은 누구인가?	18
2.	제국 탄생	23
3.	예수 미스테리아	29
4.	결론	40

제2부
산맥의 동쪽

1.	최초의 제국	58
2.	공자와 그 유학	64
3.	또 다른 우상	71
4.	동쪽의 끝	78
5.	결론	90

제3부
백서본帛書本의 정체

1.	서론	100
2.	주제는 무엇인가?	107
3.	상·하권의 의미는 무엇인가?	112
4.	한자와 한문에 대하여	116

제4부
백서본 본편

제1장.	上德	148
제2장.	學父	149
제3장.	知足	150
제4장.	不出	151
제5장.	生也	152
제6장.	玄同	153
제7장.	正邦	155
제8장.	治邦	156
제9장.	大順	158
제10장.	弗與	160
제11장.	用兵	162
제12장.	不祥	164
제13장.	終言	166

제5부
백서본 속편

제1장.	弗侍	168
제2장.	不仁	170
제3장.	弗帝	172
제4장.	不成	174
제5장.	寡欲	175
제6장.	食母	176
제7장.	自然	177
제8장.	君子	179
제9장.	兵者	180
제10장.	에필로그 3구절	181
제11장.	終言	183

후기　　　　　184

제1부

산맥의 서쪽

1.
서구, 그들은 누구인가?

인류가 생겨나 생존할 수 있는 터전을 찾아 옮겨 가면서 자연히 피가 섞여 지금에 이른 시점에서 이름하고 있는 종족의 순수성은 대부분 소멸되었다. 그러나 동물 가운데 그리 강인한 축에 들지 못하는 인간은 무리를 지어 서로의 안녕을 도모해왔기에 동족에 대한 관념을 떨칠 수 없었고, 그런 나머지 현실 정치는 대체로 민족이라는 허구의 메커니즘을 편리에 따라 활용해서 작동된다.

그래서 오늘날 서구가 주창하는 세계화의 구호에는 대등한 인류애를 말하고 있지만 그들의 내면에는 선택받은 종족이라는 선민의식이 종교적 교시에 의해서 뿌리 깊게 심어져 있어 부득이한 상황이 아닌 다음에는 언제나 그 자긍심을 버리지 않는다. 즉, 인간에 대한 하나님의 메시아적 선택이 그리스를 떠나 로마에 임했고 그다음 이스라엘의 일정한 역할을 거쳐 게르만족에게 이르러서 오늘날의 문명을 맞이하게 되었다는 것이 그들의 내면화된 사고방식의 근간이다.

신으로부터 최종적 선택을 부여받은 종족! 그들이 발원된 내력을 추적해보지 않을 수 없다.

우랄산맥을 기점으로 춥고 황량하여 서쪽에 비하면 무주공산에 다름없었던 동쪽, 그리고 남으로 이어지는 히말라야산맥은 결코 인간이 쉽사리 넘나들 수 없었던 경계였고, 이런 지형을 따라 서쪽에 살았던 학술상 '인도유럽어족'이라고 이름하는 일단의 인류들도 이동이 가능한 영역을 전전하며 자연스럽게 무리를 이루었고, 비대해진 나머지 일부 세력이 독립하며 그렇게 끝없이 분파해 나갔을 것이다. 그 가운데 지중해 연안에서 발원하여 점점 일대를 장악한 라틴계열의 한 종족이 이룩한, 당시에는 비길 데가 없었다는 문명국 로마제국이 질긴 수명 끝에 스스로의 무게를 감당하지 못하게 되었을 즈음 용병 또는 노비의 용도로 차출해서 그 무거운 문명의 짐을 의탁하며 부리던 종족이 있었다. 스칸디나비아반도를 마주하는 연안 일대가 발원지라고 추정되는, 북방계열의 게르만족이 바로 그들이다.

타키투스의 게르마니아에 의하면 로마제국이 무너지고 있던 5세기에도 게르만족은 키비타스(civitas)라는 부족 단위 사회 형태로 이합집산하며 원시적 농업과 목축을 하는 야만적인 생활을 영위하고 있었으며 당시 로마의 고도로 발달된 문명 생활과 비교하면 이는 하늘과 땅만큼의 차이가 있었다고 한다.

그러나 5세기에 야만인에 다름없는 게르만 용병들의 반란에 의해서 무너진 로마는 버려지다시피 남겨진 서로마이고, 대체로 그리스가 일군 문명을 물려받은 로마의 주체들은 동쪽의 비잔틴에서 15세기까지 번성하였으니 그 내력을 따라가본다.

로마가 제정기 이후 게르만족을 활용하여 한계에 이른 체제를 유지하며 버티는 것도 한계를 맞이하여 과식하고 토해낸 오물을 감당하지 못하고 결국 동쪽의 비잔틴으로 천도遷都하기에 이르렀다. 그렇게 주류가 모두 떠나고 그 잔해 속에 남겨진 것들이 있었으니, 하층 시민과 흘러든 게르만족 그리고 후일 비잔틴의 말을 그대로 빌리면 '가난하고 무식한 교직자들'이었다. 이 삼류 교사들은 꿋꿋하게 로마가 버린 폐허를 요람 삼아 남겨진 무산계급 시민과 흘러든 게르만족들을 아울러서 나름대로 가르치고 기른 나머지 이윽고 하나의 작품이 탄생하는데, 난장이와 같았다고 하니 작달막하여 다루기도 무척이나 편리했을 법한 인물, 그 이름은 '피핀'이었다.

이 피핀에게 제국의 행정을 답습하게 해서 게르만족에 의한 '카롤링거 왕조'라는 새로운 기틀을 아우르고 비잔틴에 버금가는 제국의 형태를 착실히 쌓아갈 즈음 성상이 우상숭배의 원인이 되므로 금지한다는 엄중하기 짝이 없는 훈령을 접하게 된다. 그때까지는 적어도 종교의 기본적인 상식은 어느 정도 간직하고 있던 비잔틴, 즉 동로마의 正敎가 성상 없이는 문자도 정립되어 있지 않은 순박한 백성들을 아우를 길이 없는 서로마의 사정을 전혀 고려해주지 않고 그 이단적인 교회 운영 형태에 시정을 명령한 것이다.

조석으로 받들며 종교적 교시의 구심점 역할을 하던 성상을 졸지에 제거한다는 것은 기존의 모든 관행을 부정하는 것이고 그것은 스스로의 존재 자체를 부정하는 것에 다름이 아니다. 남겨진 로마 교단은 고심 끝에 경계선 없는 하늘을 갈라서 독립하기로 작정하고, 이윽고 때에 이르러 피핀에 이어 더욱 충실하게 이어진 '샤를마뉴'에게 지상의 황제 관을 씌워주고, 하늘나라의 황제 관은 스스로 쓰고, 제국의 발원지라는 차지하고 있던 터전을 근거로 해서 비잔틴에 대하여 아예 우월권을 통보하기에 이른다.

기가 막히는 것은 비잔틴에서 그래도 교회를 효과적으로 통제하고 있던 동로마 황제였다.

> "무례하기가 짝이 없구나! 그들은 콘스탄티누스 성인 황제가 왕권, 원로원 전부, 그리고 로마의 민병대를 이곳으로 모두 옮겨 왔으며 서로마에는 미천한 농노와 무식하고 가난한 교직자들만 남겼다는 것을 잊었단 말인가!"
>
> —『유럽 탄생』

그러나 그 통지는 유효하여 장차 역사에 비잔틴은 한낱 변방의 잔류 세력으로 처리되었다. 그리고 정치와 종교, 즉 현실과 몽상이 일치하는 무소불위의 권력이 대륙의 서쪽에 자리하며 미증유의 천년왕국을 구가한 나머지 인류 역사에 주인공으로 등장하게 된다.

그래서 오늘날의 지구촌을 전면에서 전횡하는 서구는 로마 제국이 떠나가고 버려진 잔해에서, 그리고 남겨진 '미천한 농노와 메시아교의 무식한 교직자들'의 피땀 어린 노고에 말미암아서 문명적 인류사에 때늦게 등장하게 되는데 이런 연유를 따라 그들의 실질적 근원은 스스로 폐기한 나머지 역사를 기술할 때는 분열증 상태가 연출된다. 그 복잡한 기술記述을 인내심을 다해서 따라가보면 대체로 카롤링거 왕조를 개설한 피핀의 뒤를 이은 샤를마뉴(Charle Magne, 768~781)가 대제로 추존되면서 유럽이라는 미증유의 세상을 낳은 아버지라는 결론이 도출된다. 그래서 메시아 종교가 없으면 영혼의 안식처가 없고 로마가 없으면 육신이 의탁할 고향이 없는 천하에 孤兒적 존재의 집합체 게르만족을 주축으로 일구어진 곳이 오늘날의 서구다.

2.
제국 탄생

제국이란 황제가 다스리는 나라를 말하고, 황제란 무소불위의 권력을 통해 권위를 형성한 나머지 신격이 부여된 자를 말한다. 그래서 당연히 그 통치 영역은 한계가 있을 수 없지만 교통과 통신 수단이 미칠 수 있는 영역에 한정될 수밖에 없었고, 그래서 지구촌 어느 한 구석도 예외가 허용되지 않는 오늘날의 세계화 세상과는 사뭇 다른 양태의 세상이 전개되었다고 볼 수 있다.

고대 세계의 국가적 형태를 말할 때 흔히 부족국가 혹은 도시국가라는 단어를 사용한다. 전자는 보다 앞선 시대의 자연스런 집합체로 경제는 주로 수렵채집에서 사육경작으로 발전했을 것이고, 후자는 이들 부족체가 서로의 필요에 의하여 연합된 조직체로서 민족적 개념은 희박했을 것이며 일정한 지역에 밀집된 형태여서 경작이나 사육만으로는 경제 문제 해결에 한계가 있어 상업 등 서비스업이 활성화될 수밖에 없었다고 볼 수 있다.

서구의 통상적인 역사는 도시국가 그리스에 뿌리를 두고 사실상은 로마에서 출발한다. 고대 세계 지중해 연안의 일개 도시국가로 발원한 로마가 사육경작에 기반한 자립경제의 한계를 맞아 내일의 경제를 위하여 물질의 축적이라는 유혹에서 벗어나지 못하고 오직 무력에만 의지해서 주변의 연안 일대를 중심으로 물길이 열리고 말발굽이 닿을 수 있는 한계의 면적을 통상通商이라는 명분을 앞세워 장악하게 된다. 초기에는 국가 체제가 공화정 내지 과두정치 형태였다.

그러나 인간사회의 자연적인 도리가 점점 소멸된 가운데 방대한 조직체가 유지되려면 단독적 권력 체제 아래의 일사불란한 상태가 반드시 요구된다. 태동하는 황제의 싹을 제거하기 위하여 공화주의자들이 '시저'를 살해했지만 죄 많은 피로 이루어진 인간 역사 최후의 꽃, 결코 헤어날 수 없는 아름다운 문명의 손길에 이미 발목이 잡힌 이후였다. 덮쳐 오는 물길을 거슬러보려는 '브루투스'의 품에 감추어진 비수도 침략과 약탈의 잉여로 붉게 물들어 있었고, 쓰러진 시저의 몸에서 흘러내린 피는 오히려 황제를 키울 젖이 되었다.

이날 대지는 전혀 새로운 모습을 띠었다. 그가 지금 태어나지 않았더라면 세상은 이미 멸망했으리라. 이 탄생의 날에 생명의 시작을 인지한 자의 판단은 정녕 옳았도다. 이제 인간들이 탄생을 슬퍼하던 시대는 끝이 났다. …(중략)… 모든 것을 다스리시며 우리와 다음 세대를 위한 구원자로 그를 임명하신 하느님께서는 그에게 이 세계를 구원할 수 있는 온갖 능력을 부여하셨도다. …(중략)… 그의 선행은 과거 어느 때의 선행을 능가할 뿐 아니라 그보다 더 훌륭한 자는 다시 도래할 수 없으리라. 이 기쁨의 물결은 그에게서 샘솟는도다. 그의 탄생일로부터 새로운 시대가 시작되었도다.

이는 아우구스투스 황제의 탄생을 기념하여 훗날 그에게 바쳐진 비문이라고 한다. 세상의 권력을 독점한 선택된 소수의 귀족 그룹은 그것을 보다 항구적으로 보장해줄 신이 필요했고, 그들의 요구에 의해 비를 내려 아무에게나 축복을 주던 제우스는 아득한 신화 속으로 사라지고 불로 축복을 안겨주는 현존하는 신은 추대되어 이처럼 길이길이 찬양될 것이었고, 정녕 획기적 새 시대가 개막되었다.

나는 물로써 세례를 주거니와 내 뒤에 오는 이는 나보다 능력이 많으시니 불로써 너희에게 세례를 줄 것이다.

— 마태복음 3장 11절

오늘날 전 세계가 대체로 통용하는 서력기원은 예수 탄생을 상정하고 그것을 기점으로 하고 있는 것이 아니라 시저의 양자 옥타비아누스가 '위대한 자'라는 의미의 '아우구스투스'로 추대되어 살아 있는 신으로 선포되고 제국이 출범한 것을 기점으로 한다고 보면 대체로 무난하다. 실정이 이런 까닭에 오늘날 합리적인 사고를 견지한다고 자처하는 일부 학자들은 시대를 명시할 때 BC 대신 BCE(Before the Common Era: 예수 탄생 이전이 아니라 공동시대 이전이라는 뜻이고 공동시대로 번역되는 Era는 로마제국의 출범을 의미하는 것으로 읽을 수밖에 없다)로, AC 대신 CE로 표기한다.

아무튼 이렇게 일구어진 전대미문의 제국 로마의 시민권자들은 지상의 낙원을 만끽하게 된다. 사방의 식민지에서 들어오는 조공 덕에 몸소 노력하지 않아도 생존은 보장되었고, 일상은 그저 거대한 '콜로세움'에서 벌어지는 갖가지 경기를 관람하는 것으로 소일하며 인생이란 오직 즐거운 축제의 나날이었다.

제국이 수립된 후 황제가 베풀고 선택받은 시민권자들은 누리며 모두가 희희낙락 먹고 즐기던 휴일의 수는 공식적인 날도 일 년의 절반을 훨씬 넘었다고 한다. 하루가 지나면 내일은 더 멋지고 더 긴박한 즐거움을 주는 '메이저리그'가 준비되어 있었고, 그렇게 하루의 일과가 다하면 곳곳에서 상납된 갖가지 산해진미를 포식하고 토해 내며 실존하는 신의 선택받은 시민으로서 풍요로움을 만끽한다.

한자에 분糞이라는 글자가 있다. 물질이 체내에서 순환 작용을 통해 소화 흡수되고 남은 찌꺼기가 배출된 것을 이르는 말이지만, 이것도 잠시의 발효 기간을 거쳐 식물체를 통해 알뜰히 흡수되는 것이기에 본래 쓰레기라는 이름의 불편한 물질은 세상에 있을 수 없다. 그러나 제국이라는 조직체에 직접적으로 속한 인간들은 점점 도가 넘게 물질을 탐하면서 포식한 결과 위에서 새겨낸 나머지가 항문으로 배출되기까지 그 시간을 기다리지 못하고 먹었던 입으로 다시 토해내면서 악취 진동하는 쓰레기가 넘쳐나는 세상에 이르렀고, 이것이 바로 정연했던 인간사회(kosmos)가 천지를 분간할 수 없이 혼미한 제국화의 세싱(khaos)에 이른 내력에 다름이 아닌 것이다.

이윽고 그 휘황찬란했던 로마가 풍요로운 물질에 찌들고 지쳤을 때, 토한 오물이 풍기는 고약한 냄새로 질식할 지경이 되었을 때, 불나방처럼 문명의 불빛을 따라 뛰어든 순박한 야만인 게르만족들을 상대한 라틴계열의 로마 족속은 이렇게 기원했다고 한다.

"언제나 저 게르만족들과 함께 살아갈 수 있도록 해주소서."

그 소망은 장차 이루어졌는데 다만 주객이 전도되었을 뿐이고, 또한 먼 훗날에는 팍스로마나 정책에 반항하다가 둥지는 초토화되고 뿔뿔이 흩어졌던 약소한 부족국가 이스라엘 백성들, 더 정확하게 말하면 어떤 연유에서 말미암았든 유대교라는 이데올로기를 신봉하던 자들은 팔레스타인 지역에 용케도 다시 둥지를 틀었다. 그리고 초강력 무력을 보유한 나라를 마음대로 조종하며 지구촌을 전횡하게 되지만 허무하게도 그들은 환호성을 지르며 메이저리그를 즐기던 콜로세움의 잔해만 남기고 사라지고 말았다.

도덕경 백서본, 그 어느 무신론자의 독백

3.
예수 미스테리아

어떤 원인자에 말미암아서 무신한 천지지간을 살아가게 된 생명체는 그 생존을 도모하기 위해 각자 나름대로 부단한 노력을 기울어야 할 것이다. 그래서 어떤 儀式도 부질없는 낭비 행위에 다름 아니지만 생명체가 저마다 種을 유지하기 위해 노력하는 과정에는 동종 간에도 먹이를 차지하기 위한 아귀다툼이 있게 마련이고, 이런 일반적인 현실에서 인간이라는 종들이 먹이사슬 체계의 정점에 이를 수 있었던 것은, 일정한 의식을 통해서 일체감을 조성하고 원시적 아귀다툼을 해결할 수 있었기 때문이었는지도 모른다.

그리스어 미스테리아mysteria는 고대 지중해 연안 세상이 제정기로 접어든 로마에 흡수되기 전 자연스런 시류를 따라 발흥해서 장차 서구 라틴 지역 전역으로 번져 12세기 기독교 십자군 원정에 의해서 대부분이 말살당하기 전까지 여전히 성행했던 각종 그노시스gnosis 종교들을 의미한다. 번역을 하자면 '신비의식' 정도로 해석이 가능하다고 한다.

바야흐로 지중해 연안 도시국가들 사이에서도 서로 물질 확보를 위한 침략의 발걸음이 끝없이 이어지며 그 회오리 속으로 빨려든 나머지 세상이 온통 혼돈에 빠졌을 때, 전설에 의해 인지된 어떤 지극한 표상을 신인으로 하는 미스테리아 의식은 생존의 진실을 견지하기 위한 종교행위였다. 공개적인 의식도 자연스럽게 모여진 사람들에게 입문식의 형식을 띠며 행해졌고, 그렇게 스스로 준비된 마음에서 그 빛을 따라 물질에 얽매인 현실의 사슬을 벗어나 비밀스러운 경이의 세상, 그 무아지경의 본래 인간 세상에 이르게 되는 것이라고 한다.

비밀스럽다고 했지만 담백한 침묵일 뿐이다. 어떤 신인이든 그것은 은유이고 상징이며 이윽고 그 자리에 스스로의 본성인 참자아가 들어서서 고요하고, 행복하고, 단순하고, 영원한 비전들을 보게 된다. 그리고 모두는 침묵을 지킨다. 그것은 어떤 금단이나 독점적인 발로가 아니다. 물질에 사로잡힌 세상을 향하여 어떤 연민으로든지 함부로 권하거나 말할 성질이 아니기 때문이다. 이 무위의 경지에서는 일말의 문하門下도 있을 수 없다. 부족함을 느끼면 서로 찾아들어 '그노시스', 즉 생존의 진실에 대한 견해를 주고받을 뿐이며 그 행위도 더불어지면 배타적 이익 추구 집단으로 전락이 될 수 있기에 반드시 그전에 헤어진다. 이것이 불문율이고 세상에 불문율은 이런 연유를 말미암

도덕경 백서본, 그 어느 무신론자의 독백

아 성립이 되는 것으로 보인다.

영지적인 '메시아 여호수아 미스테리아 의식'도 인류가 획기적인 신기원에 들어선 그즈음에 생겨났는데, 우리가 통상적으로 부르는 예수 Yeshu는 여호수아 Yehoshua/Joshua의 축약형이며 예수를 가리키는 그리스어 이에소우스 Iesous는 여호수아를 번역한 말이라고 한다. 사실 이것은 무쌍하게 변신한 오늘날의 기독교를 관찰함에 있어 가장 기본이 되는 중요한 포인트가 될 것이지만 그래서 철저히 외면하고 있는 현상이 역력하다.

창시자는 팔레스타인 지역의 부족국가 이스라엘을 모국으로 하고, 로마제국의 식민도시 '바소'에서 출생한 자로 정경에 의하면 로마가 파견한 최고 집정관도 혹시 얻어 가질 것이 없을까 하고 그의 주위를 서성거릴 정도의 재산가였다. 더욱 중한 것은 로마의 시민권을 소유한 '바울'이었다. 즉, 그는 획기적으로 변화하는 세상에 어떻게든 적응하여 입지를 굳힌 이중국적의 소유자였고 또한 정경에 쓰인 그의 말을 그대로 빌리면 가장 위에 있는 하늘의 세상에까지 들려져서 이루 형언할 수 없는 신비로움을 경험하고 다시 지상으로 내려진 사람이었다. 이해를 해보자면 어떤 영지적 미스테리아의 입문자였다. 그리고 그 침묵의 불문율을 지키지 않은 자였다.

결코 거역할 수 없는 전대미문의 세계화 세상을 맞아서도 '모세 율법'이라는 미망에 갇힌 채 부질없는 반항을 거듭하다가 두 개의 벽돌도 포개 있지 않을 정도로 철저하게 파괴된 성전,

둥지를 잃고 각처로 산산이 흩어진 동포 형제, 변화무쌍한 세상에 무난히 안착하게 된 한 인생이 불현듯 이런 처지의 동족을 보며 새삼 어떤 감회에 젖었을까? 그 진실은 가늠할 수 없으나 어느 시점에 이르러 드디어 그들의 역사화된 전설에서 '모세'의 뒤를 이어 부족을 이끈 '여호수아'를 상징적 신인으로 하는 미스테리아 의식을 창출하고 분연히 일어나 역사적 여정 그 전도의 대장정을 감행하기에 이른다.

사실 선대 위인의 이름을 후대에 부단히 차용하는 그들의 관습을 따라 당대에도 수많은 여호수아는 존재했고 그 가운데 부당한 로마의 식민 통치에 의연히 반항하다 십자가에 처형된, 그래서 상징이 되고도 남을 역사적 여호수아가 존재했을 수도 있다. 즉, 역사적 신화에서 모세의 후계자인 여호수아, 현실에서 의연히 존재했던 여호수아, 이 두 존재가 합치된 이미지를 신인으로 하는 원시적 여호수아 미스테리아(이하는 여호수아를 예수로, 미스테리아는 종교 단체 혹은 종교로 표기한다)는 바울이 참여하기 전부터 일정한 디아스포라를 중심으로 자연히 발생되어 있었던 것으로 보인다.

그것은 이 종교 단체를 따르던 스데반을 기존의 모세교(유대교)도들이 결코 용서할 수 없는 이단으로 몰아서 돌로 쳐서 순교시키는 데 바울이 적극적으로 가담했기 때문이다. 그리고 어떤 연유인지는 알 수 없지만, 모종의 연고를 따라 회심이 있은 후 이를 오늘날에까지 이르도록 집대성한 실질적 창시자가 바울이라는 사실은 新約이라는 그들의 경전을 보아도 알 수가 있다.

여기서 반드시 참고해야 할 또 한 가지는, 오늘날의 기독교가 수시로 피해자 코스프레를 일삼으며 로마 당국으로부터의 박해 운운하는데 이런 트랙을 무심코 넘어서면 그들이 이끄는 대로 오리무중을 헤매게 된다는 것이다. 콘스탄티누스 이전의 로마는 어떤 종교 단체도 탄압한 역사가 없고, 충분히 개연성이 있는 역사적 예수의 핍박도 물론 식민 통치에 대한 항거도 있었겠지만 이를 내부 헤게모니 쟁탈전의 희생자에 불과하다는 것은 그들의 복음서에조차 그대로 드러난다.

그래서 따져보면 재창시자라고 할 수 있는 바울의 전도문집은 그가 일찍이 입문한 어떤 종교 단체의 영지적 색채를 벗어날 수 없는 것이지만, 훗날 그가 떠나가고 난 뒤 정치적 체계를 물려받은 조교들은 스스로의 생존을 도모하기 위해 그 색채를 철저히 변조 혹은 전체를 위조해야만 할 뿐이었다(성경 가운데 구약은 유대인이 아닌 입장에서는 우리의 단군 신화를 외국인이 대할 때와 같이 이해할 수밖에 없는 문집이고, 신약은 서두에 실린 4복음서는 하나같이 영지주의 문집인 도마복음서를 각자 나름대로 편집한 후 문자주의적인 요소, 즉 역사적인 예수의 부활과 승천을 가미하고 주입에 효과를 위해 거듭해서 증명하고 있는 것이며, 이어지는 문집은 대체로 바울의 전도용 서신 모음인데 본래의 서신이 변조 혹은 전체가 위조되었다는 것은 대부분의 신학자들조차 인정하고 있는 사실이다). 그리고 일련의 과정을 거치면서 바울이 창시한 영지적 예수교단은 이단이라는 명분으로 전개되는 처절한 투쟁에서 적수가 되지 못하고 밀려나 사라지고 문자주의 예수교단만이 조직을 장악하게 된다.

즈음하여 연안 세상의 패권 권력을 취하게 된 로마는 스스로 야기한 혼란에 대한 질서를 빙자하며 제국화로 치닫게 되었고, 결국 주지한 바대로 세상이 끝나는 날까지 반면교사가 될 로마 제국이 탄생하여 인간계가 본연으로 돌아갈 길은 영원히 잃어버리고 신기루를 향해 앞으로만 줄달음치기에 이른다. 그러나 방대하고 불합리한 체제가 온전하게 유지될 리가 만무하여 권력의 정점은 유혈이 낭자한 폭력으로 얼룩지면서 수시로 허물어지고 또한 그때마다 제국 재건의 기치를 더욱 높이 쳐들었지만 그것은 폭력에 폭력을 더하는 것일 뿐이고 이런 진부한 처방은 분명한 한계가 있는 법이다.

즉, 제국 체제는 시달린 나머지 점점 명민해진 백성들을 이데올로기를 통해 일정한 정신 상태로 묶어놓아야 할 시점에 이른 것이다. 그리고 여기에 가장 편리한 수단이 종교라는 것은 쉽게 알 수가 있는 것이다.

그래서 여러 황제들은 소기의 목적을 위해 특정 종교 단체를 물색해보았지만 모두는 공히 권위적인 지도 체제가 없었다. 명망이 있고 지도자급이라 할 수 있는 인물들은 제국의 권위에 도움이 되기는커녕 제국 자체에 과감한 의문을 제기하며 오히려 기존의 권위마저 훼손시킬 뿐이었다.

예수교를 채택하기 17년 전인 304년 심사숙고 끝에 제국의 보호자로 선택하여 선포한 것은 놀랍게도 12월 25일에 기적적으로 태어났으며 신도들이 빵과 포도주 의식으로 그의 죽음과 부활을 기념했다는 상징적인 신화를 가지고 있는, 더구나 로마와 적대 관계에 있는 페르시아의 구원자적 신인 '미트라스'를 추종하는 종교 단체였다. 이에 따라 제국 전역이 이 신을 섬기는 상황에까지 이르렀으나 그 영지적 교시가 제국을 대변해줄 리는 만무한 것이다.

미트라스 교단이 제국의 후원자로서 불가함을 느낀 콘스탄디누스는 다른 단체를 물색하던 중에 제국 내에 산재해 있는 유대인 거주지 '디아스포라'를 거점으로 운영되고 있던 예수교단을 발견하게 되었다. 전통적인 유대교와 경쟁할 수밖에 없는 입장에서 점점 영락하는 동포 의식에 기대어 연명한 결과, 명민해진 교사들에 의해서 주지한 바대로 이때는 이미 영지적 요소는 소멸된 채 역사화된 신인 문자화된 교시만을 중심으로 운영되는 교단, 그래서 존재 명분이 없는 제국 체제와 그 무력 조직에 하시라도 하늘의 뜻을 끌어대어 지고한 권위를 세워주며 그렇게 가려운 곳을 긁어줄 준비가 되어 있는 종교 단체라는 것을 간파하고 실패한 전례를 교훈 삼아 철저한 확인 절차를 거쳐 드디어 국교로 선포하기에 이른다.

이제 물고기는 만경창파의 물을 만났고 바닥을 드러낸 거대한 댐은 하늘이 내리는 물을 담을 수가 있게 된 것이다. 장차

이 선포를 계기로 일정한 생각을 강요하는 멍에가 보다 자유롭던 인간에게 채워져서 반항하는 자는 테러리스트, 이탈자는 이단이라는 무소불위의 죄목 아래 무참히 처단되고 오직 순종만이 생존을 보장받는 공포정치가 인류에게 덮쳐진다.

여타의 신인 종교와 영지적인 사유를 간직한 예수교단의 말살은 당연한 것이며, 같은 문자주의 교단 내에서도 헤게모니 장악을 위한 투쟁은 치열하기 그지없어 교리는 확장 해석에 따라 조석으로 변했다. 매달 알아차릴 수도 없을 만큼 사소하고 애매한 것을 묘사하는 새로운 신조를 만들어서 이것으로 오늘은 상대를 파문하고 권력이 누수된 내일은 자신이 파문당하게 된다.

이러한 전경은 조선조의 체제 이데올로기인 주자학으로 무장한 집단들이 정권의 헤게모니 장악을 위해 주자학 정통 교리를 빌미 삼아 이전투구하던 모습과 너무나 흡사하여, 부관참시할 정도로 가득해진 서로에 대한 증오심, 그런 행위도 가능했던 절대 권력, 이런 형태는 마치 쌍둥이와도 같이 닮았던 것이다. 물론 주입된 의식이 일방적 선포에 의해서 단시일 내에 일사불란하게 장착되는 것이 아니어서 일련의 형태는 대체로 콘스탄티누스가 국교로 선포하고 일정한 세월이 흐른 후 서로마가 비잔틴에 우월권을 통보하고 독립적인 문자주의 기독교 제국을 이룩한 뒤부터였다고 볼 수 있다.

어떤 종교 단체가 표방하는 신인도 스스로 최고의 선이라고 생각하는 경지의 길을 가기 위한 일종의 은유적 상징에 불과한 것이므로 그 무엇도 존재적 구체성을 쫓는 것만큼이나 미혹된 경우는 없다. 그러나 불행하게도 세상에 유일한 신을 주장하며 결국 역사성까지 구상해내게 되었을 때는 논리상 정체를 명확히 하지 않을 수 없고, 이것이 궁극적인 상황에 이르면 신성과 인성이라는 양자택일의 막다른 길에 이르게 된다. 여기서 인성을 강조하는 교리는 유일성을 상실하게 되고, 신성을 강조하는 교리는 허구의 상징으로만 남겨지기 때문에 문자주의에 따른 권위적 기반이 와해될 수밖에 없다.

예수교는 이 딜레마를 어떻게 해결했을까? 절대적으로 신이며, 절대적으로 인간이었으며, 그 융합적인 개념의 성령이라는, 얼버무려 만든 기상천외한 논리의 산물 '삼위일체론'이 통치 권력에 의해 선언되고 여기에 중구난방의 주석을 휘장 삼아 두르고 결코 찾지 못할 미로를 구축해놓고 방황하던 백성들을 집단 최면 상태로 만든 나머지 다스리기에 무척이나 편리한 세상을 풍미해왔다.

그러나 21세기를 목전에 둔 현실적 기반은 무척이나 변했다. 자연과학은 이미 오래전에 그들의 위대한 삼류 교사 시조들이 그려놓은, 아담하고 손가락으로 가리키기도 편리한 세계를 초월했고 무소불위하던 교권은 사법권을 상실하여 모두 부자가 되기 위해 몹시도 바빠진 인간들이 정색을 하고 귀를 기울이지 않아도 이단이라는 무소불위의 죄목을 붙여 잡아다가 죽이거나 족칠 수가 없다. 그래서 오직 문자 그대로 역사적 사실이 아니라면 지금까지의 모든 지껄임은 귀신 씻나락 까먹는 소리로 전락하게 되어 있다.

이런 실정을 따라 지난날처럼 막연한 권위만으로 마냥 밀어붙이며 효력 없는 도깨비방망이를 휘두르고 있는 것은 안일한 처사라는 것을 당국은 스스로 절감을 하고 혼신의 노력을 기울이고 있다. 하지만 이천 년의 세월을 마냥 내달리며 쌓아온 업보로 인해 더욱 절실하고 때로는 더욱 임박한 역사적 예수상의 정지 작업밖에 어떤 획기적인 대책이 있을 수 없다. 이런 요지부동의 현실 앞에 비극의 인간 역사는 점점 깊어지는 미궁을 헤매게 되는 것이다.

서구의 각 대학에서는 필수 교양과목으로 신학(물론 기독교 교리를 말한다)을 가르치는데 울타리 안의 의문스런 눈동자야 때로는 눈을 부라리며 때로는 기본적으로 익힌 변증법 수사로 엮어버리면 스스로 불가지론으로 빠져들어 동그랗게 뜬 눈을 아래로 내려깔겠지만, 그 최면술이 미치는 바깥의 눈길들은 어떻게 할 것인가! 새로운 천 년을 목전에 두고 무쌍하게 변화하는 세태에 대비하기 위해 당국은 신학계의 교수들을 중심으로 '예수 세미나'라는 회원 단체를 결성하여 풍성한 활동을 후원하게 된다. 그렇게 모인 회원들이 무엄하게도 신의 감응에 따라 한 자의 오류도 없이 쓰인 신성불가침의 성경에서 예수가 하셨다는 말씀 가운데 진정한 것을 학자적 소신에 따라 네 개의 구슬로 가려보았는데 방법은 다음과 같았다.

> 빨강 구슬: 예수가 그 말씀을 했다.
> 분홍 구슬: 예수가 그 말씀과 비슷한 말씀을 했다.
> 회색 구슬: 예수가 그 말씀을 하지는 않았지만, 그 말은 그의
> 　　　　　생각을 담고 있다.
> 검정 구슬: 예수가 그런 말씀을 하지 않았으며, 그 내용과 관
> 　　　　　점은 후대의 전승 혹은 다른 전승에서 비롯된 것
> 　　　　　이다.

그 결과 빨강 구슬이 일부뿐인 의외의 결과에 그들 스스로도 놀랐다고 한다. 하지만 그들의 손에 자연스럽게 주어진 네 개의 구슬에는 이미 부활과 승천, 그리고 장차는 재림으로 대변되는 역사적 예수가 확고히 자리를 잡고 있는 것이다.

4.
결론

호랑이처럼 강인하지도 고고하지도 못하여 대부분의 동물들처럼 무리를 지어 살아갈 수밖에 없었던 인간들이 히말라야 산맥 서쪽에서 사회를 이루고 서로 의지하며 살아가는 데 있어 그래도 상식이 통용되면서 나름대로 최선의 상태를 이룩한 곳이 고대 그리스반도의 도시국가 세계였다. 그것은 일상적으로는 언제나 로마의 승리만을 찬양하면서도 그들이 현재 누리고 있는 문명의 근원을 진술해야 할 때는 언제나 고대 그리스 세계에 의탁하고 있기 때문이다.

아무튼 그렇게 인지가 발달하여 꽃을 피울 줄 알았으면 자연히 결실을 맺을 줄도 알아야 하고 결실을 맺게 되었으면 그 상태를 무궁토록 유지할 수가 있어야 마땅한 것이다. 부단히 최선을 향해 변화하던 생명체가 일정한 결실을 인식하게 되면 유지를 목표로 하는 법이어서, 바퀴벌레가 수억 년의 세월을 현

도덕경 백서본, 그 어느 무신론자의 독백

재 상태로 유지해온 비결은 현명하게도 이 법을 충실하게 따른 결과 외에 또 무슨 비법이 있겠는가!

그런데 이때로부터 대략 2천 년의 세월이 흘러온 지금의 서구 사회는 어떻게 유지되면서 내일을 기약하고 있는가? 그들의 현대적 양심으로 대변되고 있는 '노암 촘스키'의 여지없는 말을 우선 들어본다.

"유럽의 국가 제도라는 것은 1945년에 와서야 겨우 정립되었습니다. 그것은 수백 년, 수천 년을 거슬러 올라가는 학살과 잔인 행위의 야만적 역사가 빚어낸 결과입니다. 유럽의 문명이라는 전염병이 지난 500년 동안 세계에 퍼지게 된 것은 유럽인들이 그 누구보다 사악하고 야만적인 사람들이었기 때문입니다. 그들은 서로 학살하는 데 이골이 난 사람들이었습니다. 그래서 그들이 다른 지역으로 옮겨 왔을 때 그들은 어떻게 학살해야 하는지 알고 있었고 그것을 잘 해냈습니다. 유럽의 국가 제도는 지독할 정도로 유혈적이고 잔인한 제도입니다. 그것은 오늘날까지도 마찬가지입니다."

지난날 2차 세계대전 이전은 논외로 하고라도, 그 이후 오늘날에 이르도록 하루도 전쟁의 포화가 그칠 날이 없었고 또한 작금의 질서 체제가 지속되는 한 상식으로는 결코 이해할 수 없는 명분으로 잔악무도한 살상이 자행되는 전쟁은 그대로 이어질 것은 자명한 일이다. 오늘날 지구촌을 지킨다는 경찰국가 미국에서 자국의 백성들은 자체 내의 불만자에 의해 까닭 없이 난사를 당하고, 도시의 백주대로에는 마약에 취해서 비틀거리는 백성들로 가득한 이런 인권은 속수무책 방치한 채로 다른 나라의 인권을 들먹이며 이를 명분 삼아 갖은 만행을 버젓이 감행하고 있으니, 이는 제 눈의 들보는 방치한 채 남의 눈에 있는 티끌을 뽑겠다는 경우와 무엇이 다른가.

그런데 무상한 자연계를 살고 질 뿐인 한 생명체에 불과한 인간이 생존 조건을 따라 모질어질 수는 있어도 어떤 이데올로기적 교시를 따라 집단 최면 상태에 빠지지 않는 한 이토록 사악한 상태로 수천 년의 세월을 지속할 수는 없는 법이다.

그러면 그 이데올로기의 정체는 무엇일까? 그에 따르면 여전히 야만적 폭력이 난무하는 오늘날의 지구촌에서 벌어지고 있는 모든 만행의 근원지는 미국이며, 이 국가의 경영 실체는 초국적기업을 소유하고 있는 부자들이고, 표면적인 국가 운영 주체는 이들의 망나니에 불과하다는 것을 증명하고 있는데 그러면 초국적기업과 미국이라는 나라의 정체를 살펴보아야 될 것 같다.

세상의 진한 피를 다 빨아들여 무소불위의 무력을 행사하고 있는 미국은 유럽이 배출한 망나니들이 십자가 형틀을 앞세우고 당도하여 소위 말하는 인디안, 그 자연과 하나같이 하늘과 교감하며 살아가던 수천만 원주민을 '인종대청소' 하고 이룩한 나라이고, 이 '프랑켄슈타인' 같은 제국을 배출한 근원지 유럽은 로마제국이 스스로의 무게를 이기지 못한 나머지 비잔틴으로 천도하고 버려진 폐허 속에서 가난하고 무식하기 짝이 없었다는 남겨진 3류 교사들에 의해서 탄생했다는 사실은 밝혀본 바다.

이제 돌이켜보면, 예수교 창시자 바울이 말한 비유의 설교는 3류 교사들에 의해서 문자화되어 장차 '지독할 정도로 유혈적이고 잔인한 전염병에 다름없는 유럽 문명'이 탄생했다. 그리고 이 문명이 신천지를 찾아서 꽃피운 곳이 미국이고, 20세기 발경에 이르러 이 총아의 품에서 부화한 것이 바로 초국적기업이다.

국가란 개인으로서 미약한 존재들이 유사시 보호를 받기 위한 최후의 의지처로 기능하는 것인데, 초국적기업은 이런 보호가 필요 없다는 말이고 그래서 이 공룡들이 의지하는 누상정부는 '남겨진 3류 교사들'에 의해서 설계되었을 것이며, 그 정부 청사는 아마 바울이 다녀온 3층으로 이루어진 하늘 어디쯤에 있을 것이다.

이쯤에서 남겨진 3류 교사들에 의한 오늘날의 기독교 신비의식에 입문하지 못한 입장이라면 결코 가늠하지 못할 3층 하늘로부터 눈길을 돌려 고대 도시국가와 오늘날의 유럽을 잉태한 로마제국 사이 '역사의 연결고리'라고 할 수 있는 그 역동적인 '헬레니즘 시대(그리스반도의 도시국가들이 마케도니아의 세력 확장에 의해서 활발한 교류를 하게 된 시점인 대략 BCE 330년부터 로마가 기독교를 국교로 선포한 CE 304년까지를 소위 말하는 헬레니즘 시대로 보는 것이 가장 합당하고, 서구의 역사를 관찰함에 있어 이 시각을 인지하는 것은 대단히 중요하다)'를 새삼 주목해볼 필요가 있다.

사회적 동물인 인간들이 각자 자각에 의한 국가 체계, 그 최선의 상태를 꽃피워낸 고대 펠로폰네소스반도에 북방의 '마케도니아'가 지중해 동부 연안을 아울러 제국의 형태를 띠고 인간의 지평을 확장했지만, 반도의 도시국가들은 군사적 동맹 정도로 제국에 영입되었을 뿐 국가적 정체성은 유지되었다. 특히 오늘날의 기초자치단체만 한 '스파르타'는 불가사의하게도 '마케도니아'가 주도하는 군사동맹에조차 가입하지 않았으며, 그처럼 각자 독립성이 유지되는 가운데 일구어진 알렉산더에 의한 준제국적 체제가 분란의 시대를 거쳐 마케도니아, 시리아, 이집트의 세 왕국으로 갈라지고 그중에 이집트를 유산으로 물려받은 '프톨레마이오스 왕조'가 주로 반도 도시국가들의 지원을 받아서 각 지역별로 산재해 있는 인문과학과 자연과학 문명을 총망라하는 체계적 기반을 미래 사회의 대비를 위해 구축하게 된다.

그리고 이 한편에 인간들 본연의 종교인 토속신앙도 보다 빈번하게 교류되는 시대적 조류를 따라 자연스레 변화한 결과 이집트에서는 오시리스, 그리스에서는 디오니소스, 소아시아에서는 아티스, 시리아에서는 아도니스, 페르시아에서는 미트라스 등의 신인상이 보다 광역적으로 정착이 되었다. 그러나 이 시대의 사람들은 지역별로 선호하는 이름들이 모두 동일한 개념의 은유라는 것을 알았기에 일종의 교리 혹은 의례에서 차별이 있었어도 다양하게 교류하면서 점점 존재의 진실을 깨달아갈 뿐 결코 배타적이거나 독선적일 수는 없었다. 재차 말하는 바이지만 이처럼 각 지역의 민족적 정서에 따른 신인상 창출이 용이한 환경을 따라 인류사에 결코 지울 수 없는 한 신인상이 유대인 바울의 재창을 말미암아 세상에 나오게 되었으니, 오시리스 혹은 디오니소스 신인의 유대인 버전 여호수아 신인이고 이것이 바로 후일 우리가 알고 있는 예수 그리스도교다.

인간이 문화적 상태가 된다는 것은 생존의 불안을 해결하기 위해 서로 의존하는 가운데서의 조화라고 정의하면, 이기적 유전인자에 의한 진화의 관점에서 볼 때 서로 간의 신뢰에는 한계가 있을 것이다. 이것을 해결하고자 하는 것이 철학적 담론의 주제이고, 궁극적으로 종교라는 이름의 정치적 체제를 잉태하게 된다. 즉, 인간은 사회적 동물이고 사회는 종교를 요구한다.

天地不仁以萬物爲芻狗(천지불인이만물위추구)
聲人不仁以百姓爲芻狗(성인불인이백성위추구)

이 갈파는 세상의 진실은 결코 사랑에 있는 것이 아니라는 말이다. 그러나 창시자 바울은 마케도니아가 제국적 구심력을 상실한 틈을 타고 새롭게 들어서서 인류사에 본격적인 제국의 지평을 연 로마에 의해 곳곳으로 흩어져 애달픈 타향살이에 여념 없는 동포 형제를 찾아 산을 넘고 물을 건너는 고난에 찬 여정을 마다하지 않았고, 그것은 아마도 연민이었을 것이다. 진실이 부족했을 뿐이지, 왜 없었겠는가!

문제는 그가 떠난 뒤였다. 점점 영락하는 동포 의식에 기대어 세계화된 살벌한 세상을 전전하며 연명할 수밖에 없었던 남겨진 교사들은 스스로의 생존을 위해 비유를 점점 문자화(사실화)해야만 했고, 결국 상징은 역사적 우상이 되기에 이르렀다.

진실을 추구하며 보다 선한 세상을 도모해야 할, 한 종교적 집단이 참됨이 부족한 끝에 참되지 못한 것만이 가득하게 되었다(信不足案 有不信: 이 간단명료한 문장을 놀랍게도 무슨 말인지 세상은 아직도 모르고 있지만 이 경우에 정확하게 들어맞는 말이다). 후일 그 본질을 파악한 세상의 권력 '렉스 문디(Rex Mundi)'에 영합되어 급기야 그 무력을 등에 업고 갈수록 미증유의 인간 세상을 잉태하게 되지만 콘스탄티누스가 그리스도교를 국교로 선포하고 인간의 정신마저 구속하기 전까지는 세상이 그렇게 무도하지는 않아서 물질만을 추구하며 무지막지한 야만화로 치닫던 길을 재고하고 지난날 인류가 이룩했던, 보다 지속 가능한 최선의 문명 세계로 돌아갈 수 있는 여지는 남아 있었다고 볼

　　　　　　　　도덕경 백서본, 그 어느 무신론자의 독백

수 있다. 그것은 기원전 3세기에 알렉산드리아에 구축되어 인류가 밝혀낸 진실이 고스란히 보존된 대도서관이 건재해 있었기 때문이다.

그러나 예수 그리스도교를 국교로 선언한 후, 다시 말하면 세상을 조직폭력으로 장악한 제국이 의義라는 명분이 바닥나면서 예禮라는 관념과도 일맥상통하는 기독교를 체제 유지용 이데올로기로 채택한 후 대략 1세기가 지난 정착의 시점에 이르러 이 도서관도 철저히 무자비하게 파괴가 된다. 여기서 우리는 혼돈에 허우적거리는 인간들이 장차 나아갈 길을 밝혀줄 이 마지막 등불을 온몸을 던져 지켜내려 했다고 전해지는 '히파티아'라는 한 여성의 이름을 상기해야 할 것 같다.

전하는 바에 따르면 415년 키릴루스 대주교가 이끄는 알렉산드리아 교구 소속 신도들은 호시탐탐 노리던 기회에 이르러 도서관 관리자인 그녀를 마차에서 끌어내어 옷을 벗기고 전복 껍데기로 살을 발라낸 다음 남은 시신은 파괴된 도서관의 불타오르는 책 더미 속에 던지는 만행을 저질렀다. 이를 주도한 키릴루스 주교는 훗날 그들이 말하는 소위 성인의 반열에 올라 받들어지면서 예수 그리스도교의 독보적 성역을 지켜낸 공로를 길이길이 찬양받게 된다.

이교도 유산을 그처럼 막무가내로 파괴한 것은 서구 역사상 최대 비극이 아닐 수 없다. 잃어버린 유산의 규모는 이루 헤아릴 수 없다. 이교도의 신비주의와 과학적 탐구 정신은 독단적 권위주의로 바뀌었다. 로마 교회는 영적 구원에 이르는 길을 스스로 생각하고 스스로 탐구할 수 있는 권리를 부인하며 위협과 폭력으로 그들의 신조를 강요했다. 고대의 위대한 문화유산이 잿더미가 되는 동안 성 아우구스티누스는 문자주의와 근본주의 신앙이 승리했음을 이렇게 선포했다.

"성서의 권위에 입각한 것 이외에는 어떤 것도 받아들여서는 안 된다. 인간의 모든 정신력보다 성서의 권위가 더 위대하기 때문이다."

고대인들은 피라미드와 파르테논 신전을 세웠지만 유럽 지역의 그리스도교인들은 수백 년이 지나는 동안 벽돌집을 짓는 방법도 잊어버렸다. BC 1세기에 포시도니우스는 행성들의 궤도를 충실하게 반영한 태양계의 아름다운 공전 모형을 만들었다. 그러나 AD 4세기 말경에는 하나님이 매일 밤마다 하늘에 별을 설치한다는 것을 믿지 않는 것은 신성 모독으로 간주되었다. BC 3세기에 알렉산드리아의 학자 에라토스테네스는 불과 몇 퍼센트의 오차 이내에서 지구의 둘레를 정확히 추산해냈다. 그러나 AD 4세기 말경에는 지구가 평평하다는 것을 믿지 않으면 이단자로 몰렸다.

우리는 자문하지 않을 수 없다. 이교 신앙이 그토록 원시적인 반면 문자주의 그리스도교가 유일하게 참된 종교라면, 왜 이교 신앙은 그토록 찬란한 문명을 꽃피웠고 왜 참 종교는 그토록 몽매한 1천 년의 암흑시대를 불러왔는가?

도덕경 백서본, 그 어느 무신론자의 독백

—『예수는 신화다』

　서양의 현대사를 이야기할 때 반드시 거론되는 것이 '르네상스 시대'라는 말이다. 기독교 독단에 의해서 초래된 암흑시대를 벗어나 단절되었던 고대 문명을 다시 계승하게 된 것을 의미한다. 시대적 배경은 황제 권력을 제압한 교황 권력이 그토록 물불을 가리지 않고 이룩한 체제를 잠식할 원인자인 영지주의자들을 방치할 수 없어 인종청소 차원으로 학살하고 그 피에 광분한 나머지 200년 동안이나 계속된 7차례에 걸친 십자군 원정 전쟁 끝에 그 핑기기 스스로 수그러지면서 무소불위의 교황 권력이 쇠락한 틈으로 미처 완전히 파괴하지 못하고 은폐했던 진실이 일부 드러난 현상을 이르는 것에 다름 아니다.

　뒤이어 자연히 종교개혁이라는 화두가 등장하지만 결과는 세상을 유린하던 독점적 권력이 할애되어 구악과 신악이 공존하는 이원집권 체제가 새롭게 들어선 것이 전부였다. 곧바로 '마녀사냥'이라는 명목 아래 실추된 권위를 회복하기 위한 작업이 통치상의 불편 분자를 겨냥해 저질러지면서 여전히 건재한 생사여탈의 권력을 확인하게 된다. 이렇게 기독교는 그들의 알파였고 또한 오메가가 될 것이기에 사회적 변혁기를 맞아 바야흐로 자본이라는 신흥 권력과 결탁하여 잠시 관망하던 자세를 떨치고 일어나 시대에 걸맞는 새로운 부활을 예고하기에 이른 것이다.

여기서 20세기 서구의 영향력 있는 지식인 가운데 가장 많은 사회적 부조리를 고발했기에 이 시대의 양심으로 대변되는 '촘스키'도 가장 존경해 마지않는다는 철학자 '러셀'의 견해를 통해 그 적나라한 현상을 살펴보기로 한다.

로마인들은 통치자 개인에 대한 충성보다는 국가라는 비인격체에 대한 헌신이라는 덕목을 창안해냈다. 이 개념은 서구에서 안정된 통치를 낳는 데 필수적인 요소가 되었다. 근대 이전의 서구 문명을 완성시키기 위해서는 한 가지 더 필요한 것이 있었다. 바로 통치권과 종교(기독교) 간의 기묘한 관계였다. 기독교는 본래 매우 비정치적이었다. 왜냐하면 로마제국에서 민족적, 개인적 자유를 잃은 사람들의 위안물로 등장하면서 오히려 세속의 지배자들에 대해 도덕적으로 비난하는 태도를 유대교로부터 물려받았기 때문이다. 콘스탄티누스 대제가 등극하기 몇 년 전부터 기독교는 국가에 대해 충성을 다짐하는 커다란 조직으로 발전했다. 로마가 패망하자 교회는 유대인, 그리스인, 로마인들의 문명에서 가장 중요하다고 생각되는 부분을 받아들여 자신들만의 독특한 통합체를 만들어냈다. 도덕에 대한 유대인들의 열정으로부터 기독교의 윤리적 지침이 나왔고, 연역적 추론에 대한 그리스인들의 사랑으로부터 신학이 나왔으며, 로마의 제국주의와 법 체계를 모델로 교회의 중앙집권적 지배와 교회법 체계가 생겨났다. 높은 문명성을 지

도덕경 백서본, 그 어느 무신론자의 독백

닌 이러한 요소들은 중세를 거치면서 보존된 측면도 있지만 오랜 세월 동안 대체로 잠복 상태로 남아 있었다.

—「서구 문명을 어떻게 볼 것인가?」

대단히 완곡한 표현이지만 거의가 호도糊塗라고 해도 무방하다. 결코 길지 않은 문장에서도 서구의 지식 체계에 대한 실정을 인지하기에 별 어려움이 없고, 이런 시각만이 용납되는 현실은 세상 끝까지 그대로 이어질 것이다.

로마가 제정기로 접어든 이후 정치적으로 일정한 역할과 임무를 부여받고 발현된 이후 헌신적 여건을 따라 일시적 수렴청정의 시기도 있었지만, 하인리히 4세(1084~1105)가 교황권에 대항하다가 결국 카놋사 성 앞에서 3일 동안 엎드려 교황에게 사죄한 사건인 카놋사 굴종 사건을 계기로 정치사에 주체적인 역할을 했다는 것은 얼마든지 확인 가능한 역사인데 잠복이라는 말은 가당치가 않다. 아무튼 이런 전방위적 교시를 따라 21세기에 이른 오늘날 지구촌 패권국가 미국의 대권 쟁탈전에도 기독교의 사도신경을 진심으로 받아들여 내면화하고 시온의 언덕을 향해 충성 맹세를 하지 않으면 결코 그 자리의 근방에도 기웃거리지 못하는 것이 엄연한 현실이다.

이처럼 요지부동한 상태로 서구를 오늘날까지 이끌어온 기독교 당국은 영화롭던 물고기자리 시대 이천 년도 어느덧 지나가고 물병자리라는 전대미문의 새로운 시대가 도래한 시점에서 그것은 한낱 미신이라고 일축하며 태연한 표정을 연출하려고 애를 쓴다. 하지만 이런 천문학적 사고가 요람의 한 자락이니 어찌 외면할 수 있겠는가. 그래서 물 위를 조용히 떠다니는 오리의 발이 물밑에서는 부지런히 움직이듯, 내부적으로 부단한 대비를 하지 않을 수 없다.

장악한 각종 매체를 통해 전달되는 메시지는, '지난 시대는 강렬한 종교의 시대였고 이제 21세기는 바야흐로 영성의 시대를 맞이하게 되었다'라는 것이다. 즉, 가르침을 따르던 쌍어궁 시대 이천 년을 끝으로 이제 결실의 물병자리 시대가 도래했다는 말이며, 또한 시대의 연속성을 희구하는 말에 다름 아닌데 이에 따라 기독교 전도 역사에 있어서 전무후무한 성공을 거두었다는, 이 땅에 내로라하는 지성들이 어찌 잠잠할 수 있으랴. 그리하여 들어나 봤는가!

"지성에서 영성으로."

그러나 현실은 한없이 주물러 일구어진 거품 위에 떠서 근근이 지탱하던 경제 체제는 이제 심연을 향해 붕괴일로를 치닫고 있다. 그래도 '생존'이라는 절대명제 앞에 영혼도 팔아버린 이 시대의 군상들에게 과연 어떤 결실의 열매가 안겨질 수 있으며, 물질만을 탐한 나머지 자연이 주는 재생의 원리는 철저하게 외면한 채 사악하고도 교활하게 착취하여 무지막지하게 낭

도덕경 백서본, 그 어느 무신론자의 독백

비하는 것으로 연명되는 자본주의라는 경제 시스템이 어떻게 지속되기를 바랄 수 있다는 말인가!

이천 년 전 인간사회가 전대미문의 제국화 세상으로 온전히 들어설 무렵 이중국적을 소유한 바울은 절규했다. 이토록 사악하고 무도한 제국 정치 권력은 결코 지속될 수 없다. 적어도 현 세대가 지나가기 전에 어떻게든 끝장이 나고 유대민족 독립의 날, 그 시온의 언덕을 다 함께 바라보며 옛날처럼 평화롭게 살아갈 날이 도래할 것이다. 그렇게 악의 권세를 향해 묵시록적 종말을 예고하며, 그토록 희망의 새로운 날이 도래할 것을 확신하며 믿어 마지않았긴민 무참히게도 그 소망은 이루어지지 않았다.

실로 하염없는 여정인 서구 인류의 역사를 돌이켜보면, 무도한 제국 로마의 무력에 항거하던 한 부족의 전위대가 전원 자결로 막을 내린 '마사다 요새'의 함락을 끝으로 무참히 파멸한 시온의 이천 년 세월을 주름잡는 저주에 말미암아 마침내 지구촌 전체를 일관하는 세계화 제국 완성 단계의 앞잡이 위치에 이르렀다. 이는 본연의 고향을 잃고 정체성마저 상실한 나머지 유대인 나름의 역사서와 변조된 바울의 전도문집을 엮어서 성서로 받들며 요람에서 무덤까지 이어지는 찬송 '고요한 밤 거룩한 밤'의 멜로디를 따라 심어진 요지부동의 정서에서 기인하는 결과 외에 또 무엇이 있을까.

그래서 게르만 혹은 앵글로색슨족으로 대변되는 서구는 영원한 하수들이고, 이 망나니에 다름없는 하수들의 문명을 금과 옥조로 받들고 있는 것이 현대 지구촌의 현실이다. 이제 바야흐로 21세기라는 미증유의 세상을 맞이한 수상한 시점에서 그들의 브레인들은 나름대로 시대에 걸맞는 비전을 제시하지 않을 수 없었다.

전지구화는 틀림없이 대항 전지구화와 만날 것이며 제국은 틀림없이 대항 제국과 만날 것이다. 이와 관련하여 우리는 퇴폐하는 로마제국에 겨루려는 성 아우구스티누스의 기획에서 영감을 얻을 수도 있다. 어떤 제한된 공동체도 성공할 수 없었고 제국의 지배에 대한 대안을 제공할 수 없었다. 순례 여행 속에서 모든 주민과 모든 언어를 집결시키는 보편적 가톨릭 공동체만이 이것을 이룰 수가 있었다. 신의 도시는 함께 모여 협동하고 소통하는 이방인들의 보편 도시다.

그러나 아우구스티누스의 순례 여행과는 반대로 지상에서의 우리 순례 여행은 저편에 있는 초월적인 궁극의 목적을 갖지 않으며 절대적으로 내재적인 채 남아 있다. 이방인들을 공동체 안으로 끌어들이고 이 세계를 자신의 집으로 만드는 순례 여행의 지속적인 움직임은 수단이자 목적이며, 더 정확히 말하면 목적 없는 수단이다.

지난 이천 년간 서구가 기독교를 첨병으로 앞세워 세상을 침략할 때 초월적 궁극의 목표를 손가락질하며 내건 캐치프레이즈가 사랑이었다. 이제 세상 환경이 많이도 달라졌다. 그래서 손가락질을 배제한 차원의 사랑이 요구되는 것이다.

'목적 없는 수단', 이 말은 爲之而无以爲也라는 仁의 정의와 동일한 말이다.

제2부

산맥의 동쪽

1.
최초의 제국

　일찍이 황하 유역의 세상에서도 문명의 꽃은 피어났다. 인간이 예사로는 결코 넘나들 수 없는 히말라야산맥을 기점으로 하여 동쪽으로 전개된 대륙의 두 갈래 긴 강을 젖줄 삼아 태고부터 둥지를 틀고 살아가던 인류는 산맥 넘어 서쪽의 인류보다 대략 천 년을 앞서 제국 형태의 나라를 일구었으니 이름하여 주周나라다.

　대체로 동양의 역사는 이 주나라를 상고하는 것으로 시작되지만 기록을 주관하는 사관들은 당대의 정치 권력에 복종하는 처지를 벗어날 수 없었기에 정권의 목적에 따라 포장되기 십상이었다. 그래서 아무런 주관 없이 통상적으로 전달하는 기존의 역사를 답습하는 것은 연의소설을 읽는 것과 조금도 다를 바가 없다.

　이런 실정을 견지하고 역사의 실마리를 살펴보면, 한 가닥

　　　　　　　도덕경 백서본, 그 어느 무신론자의 독백

하의下義를 명분으로 중원의 종주국 은殷나라를 병탄하고 세워진 주나라가 이윽고 종주국으로서 명분이 바닥났을 때 세력이 왕성한 후국들의 패권 다툼이 치열하게 전개되는 세상이 오백년가량 지속이 되었다. 무력행사의 명분으로 주나라 복원이라는 기치를 내걸고 있는 때를 춘추시대라 하고, 그 형식적인 명분도 무시하게 되는 때를 전국시대라고 분류하며, 주나라의 수명은 진秦나라로 통일되기 전까지로 보는 것이 지금까지 역사를 읽는 대체적인 시각이다.

그러나 사실 주나라의 패권적 역량은 서주시대를 끝으로 수명이 디히여 동쪽 낙양으로 천도한 이후에는 물리적 능력도 상실했다. 그리고 초기에 어느 정도 유지되었던 권위도 어디까지나 혈연 지간의 후국들이 종가宗家격인 주나라를 마냥 무시할 수만은 없는 입장이 있었기 때문이었다.

세월이 흘러 핏줄이 무색해지고 혈연이라는 한 가닥 명분마저 모호해졌을 때 주나라를 받들어야 할 이유는 아무것도 없었다. 그래서 각자는 보다 항구적인 안정을 도모하기 위해 영역의 확장으로 치닫게 되고, 이런 미증유의 시대를 맞이하여 백가백색의 사유가 제국정치의 산물인 한자를 매개로 분출되지만 세상은 이미 제국이라는 블랙홀에 발목이 잡혀 헤어날 수 없게 된 뒤였기에 모두는 끝없이 제국화의 길로 치닫는 현실에 영합되어 유세의 수단으로 자리하며 더욱 치열한 패권 경쟁에 일조를 하게 될 뿐이었다.

그 오랜 각축 끝에 소위 말하는 법가의 유세를 적용한 진秦나라가 그 법률을 손에 들고 백성들을 내몰아서 마침내 천하를 통일하기에 이르렀다. 명민한 영정嬴政이 왕의 자리를 이어받아 스스로 시황제라 칭하며 일사불란한 통치를 위해 백가를 일소하기에 이르지만 수중에 남겨진 것은 무력밖에 없는 그가 무엇으로 그 황폐해진 수많은 정신들을 하나로 묶으며 어떻게 광활한 지역의 통일 상태가 지속될 수 있었겠는가!

영원하기를 바라며 그토록 심혈을 기울인 진나라의 온갖 제도 장치들도 아무런 소용없이 대체로 한 세대를 풍미한 세월을 끝으로 거덜난다. 그리고 마침내 문자를 '한자漢字'라 하고 대체로 '한족漢族'이라는 말을 국민이라는 말의 대용으로 쓰고 있는 데서 알 수 있듯이 오늘날 중국이라는 국가의 실질적인 기원이라고 할 수 있는 한漢나라로, 일찍이 통일을 경험한 천하가 다시 귀속되기에 이른다.

'유방劉邦'이 필부의 몸을 일으켜 진나라를 계승할 수 있었던 것은 유위有爲한 법률을 적용한 통치에 의하여 질곡에 빠진 세상을 교활하게 읽고 약법삼장約法三章이라는 무위無爲에 가까운 기치(?)를 내걸었기에 가능했다고 할 수 있다. 그러나 또다시 평정된 세상에 남겨진 사람들은 상처뿐이었고, 무위의 도는 점점 더 아득한 이상일 뿐이었다.

비교적 실질적이었을 유방이 관념론에 젖어 지껄일 뿐인 유자들을 몹시도 경멸했지만 건국 초기 개국의 공신들, 그 거친

　　　　　　　도덕경 백서본, 그 어느 무신론자의 독백

무뢰배들을 거느리고 통일제국을 지탱하며 황제로서 권위를 유지할 수 있는 길은 '의식과 예법'으로 대변되는 통치용 기틀에 있고 창출 전문가는 유자들이라는 것을 간파하게 된다. '대저 유자라고 하는 부류는 더불어서 나아가 취해 오는 일을 함께하기는 어렵지만 더불어 지키는 데는 도움이 됩니다'라는 진언을 올린 숙손통叔孫通을 비롯한 유자들을 나름대로 활용하게 되고, 이어서 제국의 기반을 한층 공고히 하고 부단히 대외 팽창을 시도했던 무제武帝(BC 141~87년)에 이르러 '통일된 제국의 치하에는 다양하고 분분한 백가의 학설을 축출하고 오직 유가의 학설만을 통치 근간으로 삼아야 한다'라고 주장한 동중서董仲舒의 이른바 대책對策이 마침내 국교로 선언되기에 이른다. 세상을 평정하고 들어선 권력에게 불문고직하고 충성을 바쳐야만 할 하늘의 뜻을 가장 확실하게 끌어대주었던 덕분에 춘추전국시대에 어느 군왕도 그리 탐탁스럽게 여기지 않은 유가의 사상이 제국 통치용 이데올로기로 채택된 것이다.

그러나 이 세상은 언제나 잠잠한 피안의 세계와는 달리 변동이 죽 끓듯 하는 곳이다. 유교가 서구의 기독교처럼 독보적, 지속적 지위를 누리지 못한 것은 피안의 세상까지 문자적으로 보장하지 못하고 모호하게 처리한 채 언제나 차안의 권력 언저리만 맴돌았기 때문인데, 그래서 원나라, 청나라 등 북방 유목민의 정복 지배 정권에서는 무시되어 직업상 분별에서 유자들을 가장 천한 부류로 취급했다. 청나라에서 이어진 현재의 공산당 정권도 처음에는 공자와 그 사상을 반동분자로 처리했다가, 이제 와서 수명이 다한 공산주의 이념을 '실용'이라는 명분 아래 실제에서는 정면으로 거부하게 된 마당에 10억의 그 정신들을 어떻게 감당할 것인가!

사상적 기틀이 사실상 사라진 불안한 현실에 일면적 대안의 역할을 맡길 수 있는 적절한 표상이 공자라고 판단한 모양이다. 그래서 '혁명의 시대에는 불편한 사상이지만 이토록 번영을 구가하는 시절에는 용이하다'라는 희대한 논리로 간단히 얼버무리며 묻어버렸던 공자상을 다시 끄집어내어 받들어 따를 표상으로 새 단장을 하고 있다. 그런데 이것은 정복 지배 정권이 유자를 하등의 가치 없는 부류로 취급하다가 중원의 문화적 기틀에 빠져들어 질박한 실질들이 소멸되었을 때 어쩔 수 없이 유교적 교리를 답습하며 체제를 조금 더 연명했던 전례와 조금도 다른 현상이 아니다.

아무튼 이토록 끈질긴 유교사상은 자연히 한반도까지 이르렀는데 대체로 중앙집권 체제가 들어선 고려조부터라고 볼 수가 있고, 이어진 조선조에서는 세상에서 유일한 경지로 집대성되었으며, 유교 이데올로기를 적용한 통치를 더 이상 미련이 없을 정도로 철저하게 실행했던 곳은 조선조가 유일하다. 그런데 현실이 주장대로라면 임금은 임금답고 백성은 백성다워 적어도 그 이상향 주나라의 태평성대는 도래되어야 할 것이지만 실재한 현실은 목불인견目不忍見의 세상에 이를 뿐이어서, 일찍

　　　　　　　　도덕경 백서본, 그 어느 무신론자의 독백

이 제국의 화신이 된 일제가 침략을 앞두고 현장답사 차 파견한 첨병의 눈에는 이렇게 보였다.

"조선인은 그 풍모로 보나 생활 상태로 보나 도저히 20세기의 인종으로는 볼 수 없을 만큼 원시적이며, 민족으로서 생존의 기한은 끝나고 있는 듯하다. 지금 조선반도에 드리우고 있는 것은 죽음의 그늘뿐이다."

산맥 동쪽 세상의 역대 제국들도 역시 조직폭력배가 암투 끝에 패권을 차지하고 무소불위의 권력을 휘두르며 주어진 한 시절을 풍미한 것에 다름이 아니었지만 결코 간과할 수 없는 세 개의 집단이 있었다. 첫째가 주周, 둘째가 한漢, 셋째가 조선朝鮮이다. 주나라는 제국적인 세상을 처음으로 열었고, 한나라는 통치 이데올로기를 처음으로 창출했으며, 조선조는 그 이데올로기를 세상 끝까지 이어가보았던 권력 집단이었기 때문이다.

2.
공자와 그 유학

공孔이라는 글자는 시쳇말로 블랙홀과 같은 의미다. 유교儒敎라고 일컬어지는 사상 체계의 원조는 공자孔子라는 이름을 후대에 갖다 바쳐 명명하게 된 역사적 캐릭터로부터 출발하고 있으며, 역사적 인물인 만큼 언뜻 비쳐지는 그의 출생 내력은 안징재顔徵在라는 모에서 야합의 결과로 태어났고 그래서 고독한 숙명을 극복한 입지전적 인물로 그려진다.

> 하늘을 원망하지 않고 사람을 책망하지 않으며, 비근한 데서부터 배워 고매한 경지에 이르렀다. 이런 나를 아는 것은 하늘밖에 더 있겠는가!
>
> (不怨天 不尤人 下學而上達 知我者 其天乎. 論語 憲問篇)

그리하여 공자의 정신 속에 자리한 하늘天이라는 상념이 인

도덕경 백서본, 그 어느 무신론자의 독백

仁이고 仁은 일상에서 이렇게 표현된다고 한다.

> 공손함, 너그러움, 성실함, 민첩함, 그리고 은혜다. 공손하면
> 수모를 면하고, 너그러우면 인심을 얻고, 성실하면 자리를 맡
> 게 되고, 민첩하면 공을 이루고, 베풀면 부릴 수 있다.
>
> (恭, 寬, 信, 敏, 惠. 恭則不侮 寬則得衆 信則人任焉 敏則有功 惠則足以
> 使人. 論語 陽貨篇)

통상적으로 칭하는 노자는 仁을 이렇게 말한다.

> 행위는 있으나 목적은 없는 것이다.
>
> (上仁爲之而无爲以也)

다시 말하면 '위하는 것은 있으나 그에 따르는 목적은 없는
것이 인이다'라는 말이다. 그러나 공자가 궁국적으로 추구하는
仁의 개념이 일상에서 구현되는 형태를 보면 爲之而有以爲也
라는 義와 동일한 개념이 되고, 옳고 그름의 시시비비가 대두
하는 곳에는 禮라는 법도가 따르게 된다.
　그래서 禮의 정신이 곧 仁의 세계에 이르는 길이므로 유가
의 모든 실천 요강은 예에서 출발해서 예로 끝난다고 하여도
지나친 말이 아니고, 또한 당연한 것으로 받아들이고 있는데
그러면 공자가 말했다는 예가 추구하는 정신은 어떻게 표현

되는가.

> 시를 배우지 않으면 더불어 말할 수 없고
>
> (不學詩無以言)
>
> 예를 배우지 않으면 더불어 설 수 없다.
>
> (不學禮無以立)

 예와 법에 대하여 일이 있기 전과 후 또는 자율과 타율에 대한 것이라고 구별을 하지만 상기는 오히려 법의 상위 개념이 예라고 할 수 있는데 일반적으로는 동일한 것이다. 그래서 주나라의 전통적인 제도, 문화, 문물, 사상 등에 근거한 예법에 의해서 다스려지는 세상만이 이상적인 도덕사회가 될 것인데, 아무튼 유교 창시자로 점지된 역사적 인물 공자는 그 당시 각자 독립적 정치 권력을 유지하던 열국을 주유하면서 자신의 정치적 이상을 펼치려던 야심찬 군상들 가운데 한 사람이었을 것이지만 그의 유세는 어느 군주에게서도 성공을 거두지 못했다.
 제나라 사람 추연은 양나라에 가자 혜왕이 교외에까지 나와 반겨 맞이했고, 조나라에 가자 평원군이 곁을 따르며 좌석의 먼지도 저의 옷깃으로 털어주었고, 연나라에 가자 소왕이 비를 들고 쓸며 길잡이 역할을 마다하지 않았다고 한다. 그런데 공자는 가장 관심을 받았던 위나라에서조차 민정을 살펴본다는 구실로 저잣거리를 돌며 속삭이는 영공부처의 마차를 홀로 뒤

도덕경 백서본, 그 어느 무신론자의 독백

따르는 수모를 당하고 난 후에 이렇게 말을 했다고 한다.

"이를 어찌할꼬! 여색을 좋아하듯이 덕을 좋아하는 사람을 보
지 못했으니."

(子曰 已矣乎! 吾未見好德 如好色者也)

당시 약육강식의 세상에서 곤란을 겪고 있는 모국 노魯나라
를 위하여, 신임할 수 있는 제자로 하여금 행하였다는 일련의
유세 행위는 권모술수를 일삼는 당대의 여타 유세객의 범주를
결코 벗어나지 못한 것이다. 따르는 무리를 이끌고 주유열국으
로 일컬어지는 그 이상향을 향한 유세가 어느 곳에서 구현되었
더라도, 그것은 단지 시대만을 거슬러놓을 '시지프스'의 고역과
다름이 무엇일까.

끝으로 또다시 논어 가운데 한 구절의 시대적 이해 형태를
새겨보는 것으로 보다 소박했을 한 역사적 인물이 조사로 거듭
난 내력을 가늠해보고자 한다.

子擊磬於衛 有荷蕢而過孔氏之門者曰 有心哉擊磬乎
旣而曰 鄙哉硜硜乎莫己知也 斯己而已矣 深則厲 淺則揭
子曰 果哉 末之難矣

— 第十四篇 憲問

(해석1) 공자께서 위나라에 계실 때 쇠경을 치고 있으니 삼태기를 지고 공자가 묵는 집의 문 앞을 지나가던 어떤 사람이 말했다. 저 경을 치는 폼은 마음속에 생각하는 바가 있도다. 그리고 계속해서 또 말했다. 천덕스럽구나, 그 집착이여! 세상이 자기를 몰라주면 그것으로 그만인 것을, 시경에도 깊으면 옷을 벗어들고 얕으면 걷고 건너면 되리라고 했다. 이에 공자께서 말씀하셨다. 그는 과감하다, 그러나 그렇게 하기는 어렵지 않다.

(해석2) 공자가 衛에서 磬이라는 악기를 치더니 삼태기를 메고 공자의 문 앞에 지나가는 사람이 있어서 말하기를, 마음에 벅찬 감상이 있구나, 경을 치는 것이여! 조금 있다가 말하기를, 아, 야비하구나, 땅땅 울림이여! 자기를 알아주는 사람이 없거든 그만둘 뿐이지, 물이 깊으면 하체를 벗고 얕으면 바지를 걷어 올리는 것이다 하니, 공자가 말씀하기를 다 벗어버리기로 할까. 그러나 어려울 것도 없다.

내가 직역해본 내용은 이렇다.

공자가 위나라에서 경쇠를 두드리고 있을 때 삼태기를 메고 그 문 앞을 지나가던 한 사람이 있어 말하기를, 몹시도 유심하구나, 경쇠를 두들김이여! 이어 또 이르기를, 비루하기가 짝이

도덕경 백서본, 그 어느 무신론자의 독백

없구나, 그 깽깽거림이여! 세상이 자기를 알아주지 않으면 그만둘 뿐이지, 무슨 미련이란 말인가. 물이 깊은, 즉 젖은 채로 건너고 얕은, 즉 바짓가랑이를 걷고 건너는 것이라고 하니, 이에 공자가 이르기를 그렇기는 하다. 그러나 끝내는 어려움이 닥치지 않겠는가.

설득의 상용 수단인 비유를 조금 풀어서 보자.

공자가 위나라에서 수신제가치국평천하에 대한 유세를 하고 있을 때 꼴망태를 메고 우연히 지나치던 한 촌옹이 이를 보고 이르기를, 마음속을 가득히 채우고 깽깽거리는 모양이 딱하기가 그지없구나! 무슨 미련이 있어 세상을 돌아다니며 저렇게도 구차하게시리 떠벌리는가. 심오하고 진실하면 애써 저렇게 돌아다니며 떠벌리지 않아도 사람들이 스스로 귀를 기울이게 마련이고 천박한즉 스쳐 지나치는 것이 사람들의 상정이거늘. 이에 공자가 이르기를 이치가 그렇기는 하다, 그러나 이런 미증유의 난세를 맞아서도 그렇게 주어진 대로만 살아간다면 결국에는 곤경에 처하지 않겠는가.

의문은 문외한에 불과한 눈에도 당연하게 읽혀지는 果哉라는 말이 어떻게 '과감하다' 또는 '다 벗는다'라는 의미가 가능하고 末之難矣라는 말이 어떻게 '어렵지 않다' 혹은 '어려울 것도 없다'라는 해석이 가능한가?

더구나 길을 가다가 깊은 물을 만나 옷을 벗고 건너는 것은 어떤 경지에 이른 수도승이 나체로 저잣거리를 활보하는 것과는 차원이 다르지 않는가! 물론 세상을 외면하는 안일한 자세에 대한 비평의 의미로 읽는다지만 아예 번지수가 틀린 곳을 헤매면서 무소불위한 조사를 재탄생시키고 있는데 아전인수도 끌어댈 물이 있어야 가능하다. 이것은 하늘의 물을 끌어대는 꼴에 다름이 아니고 그래서 궁하면 언제나 하늘을 바라보게 되는 것이다.

하늘만이 나를 알 것이다! 知我者 其天乎!

도덕경 백서본, 그 어느 무신론자의 독백

3.
또 다른 우상

인류 유사 이래 이데올로기를 채용하여 본격적인 제국의 형태를 말미암은 한漢나라는 도道의 곁가지 하나를 꺾어든 장량張良이 들을 수 있는 큰 귀 하나를 가진 거친 무뢰배 유방劉邦을 취하여 이룩한 나라다. 이윽고 천하가 유방의 손에 쥐어졌을 때 그는 보아둔 고을 하나를 취해 잠적한 후 결코 자취를 드러내지 않았고 남아 있던 개국의 공신들은 거의 유방의 손에 목숨을 잃는다. 이 처절한 배신도 모두가 보전의 희망에 따른 것이었겠지만 그러나 흐르는 세월 따라 쌓이는 모순으로 인해 제국의 수명은 한계에 이른 나머지 온갖 처방도 소용없이 마침내 허물어진다.

이런 현실에서 장각張角과 장수張修라는 자들이 도덕경을 통하여 세상에 대한 실체를 나름대로 파악한 후, 태평도太平道 혹은 오두미도五斗米道라는 교단을 결성하여 정치적 역량을 축적하고 백성들을 선동하여 드디어 세상을 그 教에 따라 평정하려고 나서는데, 이것이 아직도 호사가들에 의해서 회자되는 '삼국지'의 현장이고, 이것이 道가 教자 하나와 더불어서 종교라는 이름 아래 인간 세상을 유린하게 된 역사의 시초라고 할 수 있다.

그런데 경전으로 삼았다는 본 일서를 그들은 어떻게 읽은 것일까? 세상에서 어떤 종교 단체보다 먼저 교단을 갖추고서 정치적 역량을 발휘했던 태평도와 오두미도(이하 도교라 칭한다)가 종교로서의 생명력을 잃고 영락한 까닭은 어디에 있을까?

현실적으로 종교라는 것이 백성들의 순박한 면을 파고들어 유일하게 자리하고 장수하려면 역사적 신인상이 필수적이며, 따라서 경전 격인 도덕경에서 그 근거를 발췌해서 표상으로 내세워야 하지만 사실 그 경전은 아무리 비틀어 보아도 신인상은커녕 조사로 삼을 지푸라기 하나 잡히지 않는다. 이런 딜레마에서 대안으로 연단煉丹이라는 불로장생의 묘약을 만들 수 있다고 장담하고 신선의 경지를 제시하는 선전을 일삼게 되지만 그 경전 어디에도 不老나 不死 혹은 한가하기 짝이 없는 神仙의 존재나 그 경지에 대한 말은 결코 없다.

그래서 끝내 역사적 시조를 안착시키지 못하고 확고한 권위적 지도 체제도 형성할 수 없었기에 막다른 길에서는 언제나 세속 정치의 파경에 편승해서 대중을 선동할 뿐이었다. 그래서 일일이 헤아릴 수 없이 세상에 내걸렸던 도교의 깃발들은 모두가 시조의 진실만큼 유지했던 것일까?

도교가 세상에 발흥되고 대략 천 년 후의 형태를 잠시 살펴 본다. 금金 정륭正隆 6년(1161)에 왕철王喆이라는 한 처사가 출가하여 산기슭에 동굴을 파서 활사인묘活死人墓라는 문패를 달고 기거하며 도를 닦아 6년 만에 거주하던 토굴을 버리고 세상에 나와 전진도全眞道라는 깃발을 높이 내건다. 당시의 세상에 보편화되어 있던 太一道와 大道教 등의 교단들이 모토로 하는, 안분지족을 권장하는 교리들이 문화적 소양이 부족하고 너무 간단하여 당시 세상을 수용할 수 없다는 판단을 따른 것이라고 볼 수가 있는데 그러나 칭교 초기에 교풍은 아주 검소했다고 한다.

도사들은 절간을 짓지 않았으며 대부분이 세상에서 구걸을 하여 살아갔다. 왕철의 7대 제자는 모두 고행승이었다. 마옥은 매일 국수 한 사발만을 먹었으며 4계절을 맨발로 다녔고 구처기는 매일 한 번 밥을 구걸하여 먹었고 몸에는 도롱이만을 걸쳐 사람들이 그를 도롱이 선생이라고 했다. 그들의 이런 행동이 점차 세상의 주시를 받아 전진도는 신속하게 전파되었다. 전진도를 전성기로 이끈 것은 구처기였다.

당시는 몽고족이 흥기하여 금, 남송, 이 삼자가 서로 중원을 차지하려고 다툴 때였고 이들은 모두 구처기의 전진도를 취하고자 했다. 이에 구처기는 시기와 형세를 판단하여 운명이 다한 남송 조정과 이미 부패한 금 왕조라는 것을 간파하고 웅하지 않고 있다가 오래되지 않아 징기스칸이 사신을 보내 만나기를 청했을 때 73세의 고령에도 80명의 제자를 이끌고 수만리 중앙아시아 사마르칸드의 군영까지 만나러 가서 징기스칸에게 하늘을 공경하고 백성을 사랑하며 살인을 경계할 것과 청정무위를 받드는 도를 권하여 이 몽고 대한大汗의 환심을 얻고 구신선丘神仙이라 존칭되었다고 한다.

후한 말기 도교의 교시에 의한 민중 봉기로 끈질기게 지탱하던 제국의 성이 드디어 무너지고 세상은 요란한 말발굽 소리 끝에 솥의 삼발처럼 삼국이 버티다가 위진魏晉시대를 맞이했고, 이윽고 또다시 곳곳에서 병권을 장악한 군벌들의 분열왕국 끝에 당唐이라는 제국으로 황당하게 통일이 된다.

그러나 이즈음 제국 체제 이데올로기 유교는 '이기론理氣論'이라는 추가 장치로 업그레이드되기 전이라 구닥다리 컴퓨터처럼 무용지물에 다름없었다. 더구나 제국을 계승한 이연李淵은 후일의 원元나라, 청淸나라처럼 확실한 정복자의 입장도 아니며 그렇다고 중원에서 면면히 이어오는 유서 깊은 부계의 가문을 끌어댈 처지도 아니었기에 통일천하에 한량없는 부귀영화를 누리게 된 황제로서 의지할 근거가 희박한 이런 어정쩡한 입장은 막상 황당하기 짝이 없는 것이었다.

그래서 현실에 영합한 나머지 제법 대행 역할을 하게 된, 도교의 창시자로 일컬어지는 노자老子를 이씨李氏라고 주장하며 일거양득을 꾀했지만 역사성의 한계로 인해 소기의 목적은 충

도덕경 백서본, 그 어느 무신론자의 독백

족될 수 없었다. 이처럼 절박한 현실에서 민정의 동태를 살피던 눈길에 포착된 것이 있었으니 사람 아닌 사람의 형상에 사람들이 의지하는 현상이었다. 그것은 과거 한제국 시절 끝없는 팽창을 시도했던 발길들에 의해서 결코 사람들이 넘나들 수 없는 산맥을 멀리 돌아서 생겨난 길인 실크로드를 통해 들여온, 말하자면 불상佛象이었는데 이것이 당면한 문제를 해결할 안성맞춤의 그 무엇이 된다는 것을 발견한 것이다.

불상이라는 말은 역사적 존재가 아니라는 말에 다름 아니다. 그러나 두 번 실수는 없이 곧바로 역사의 옷이 입혀지고, 그렇게 해서 험준한 산맥을 넘어 입성한 역사적 석가모니釋迦牟尼는 성인이 사라진 불모의 땅에 안착하여 불교佛敎라는 불가사의하기 짝이 없는 이름의 교단을 곳곳에 독특한 형태로 잉태하게 된다. 아득히 먼 곳의 왕조를 엮어내고 탄생 설화를 창출하는 것은 유가들의 전매특허이고, 경전도 회자되는 말 가운데 아무 화두나 잡아서 시나브로 피워내면 얼마든지 무한정으로 지어 낼 수가 있다.

그리하여 깨달아 길을 얻은 자 아무런 말이 없고, 하염없이 헤매는 자 온갖 궁리를 다한 나머지 헛된 말을 구름처럼 일구어내게 되어 있고, 그것은 팔만대장경八萬大藏經이 아니라 팔십만대장경을 구비해도 다 담아낼 수가 없는 것이다.

설산 설악이 외호하는 강원도 속초시 노학동 신흥사 설법전에 스님들이 모여든다. 신흥사 향성선원과 백담사 무급선원, 무문관 기본선원 등 4곳에서 90일간의 동안거를 마친 70여 명의 선승들이다. 선방을 떠나는 이들을 위한 해제법회의 법주는 신흥사 조실인 무산 조오현 스님이다. 그는 동안거와 하안거의 결제와 해제법회 때마다 법상에 오르긴 했지만 조계종 정종의 법어를 낭독한 채 내려올 뿐이었다. 그러나 오늘은 달랐다. "나도 명산대찰과 천년고찰에 진리가 있는 줄 알았다. 그러나 그 절집은 승려들의 숙소일 뿐이다. 지금까지 이천 년간 팔만대장경에 빠져 죽은 중생이 얼마고. 천 년 전 주조와 황벽 같은 늙은이의 넋두리에 코가 꿰인 이들이 얼마냐. 대장경의 글과 말 속에 무슨 진리가 있느냐. 여러분이 오늘 산문을 나가 만나는 사람들과 노숙자들의 가슴 아픈 삶 속에서 진리를 찾아라." 오늘은 절집에 갇힌 진리도 해방된 날이었다.

상기는 한 기사의 대강인데 진리는 이처럼 제 마음 내킬 때 어쩌다 한나절 잠시 외출했다가 어느새 법당 깊숙이 들어가버리니, 시나브로 절간을 찾는 하염없는 중생들은 법당 부처를 향해 마냥 머리를 조아려야 할 뿐이고, 뜻은 알지 못하지만 절묘한 목탁 반주를 곁들여 낭송되는 염불 소리에 심난한 마음을 달랠 수밖에 없다.

처음부터 극락왕생한 역사적 신인상을 확보하고 언제나 권력의 언저리에서 충성을 다한 결과 유儒 불佛 도道라는 제국을 받드는 삼발 중의 한자리를 차지하고, 역사화된 표상에 변치 않는 금으로 도금을 입히고 입혀 더욱 선명한 표상을 연출한다. 덕분에 오늘날도 하염없는 중생들에게 결코 검증할 수 없고 추궁당할 필요 없는 미래의 극락왕생을 보장하고 현재의 부귀영화를 빌어주며, 산천경계 좋은 곳에 궁궐을 차지하고 현상계의 풍요를 구가하게 된다.

해마다 역사적 예수의 탄생일로 정한 12월 25일이 다가오면 산문에 의해서, 또한 역사적 석가모니의 탄생일로 정한 사월초파일이 다가오면 각종 예수교 교단에 의해서, 도회의 거리 곳곳에는 오늘닐의 시정 정치 잡배들을 월등히 능가하는 고도의 정치적 플래카드가 곳곳에 내걸린다.

아기 예수의 탄생을 진심으로 축하드립니다.
아기 석가의 탄생을 진심으로 축하드립니다.

4.
동쪽의 끝

어여쁘기 그지없어 한번 빠지면 결코 헤어날 수 없는 빨간 양귀비꽃 같은 문명은 다양하게 기온이 교차하는 지역에서 피어날 뿐 항온의 지역에서는 잘 피어나지 못한다. 드높은 산맥 동쪽 인류 문명의 역사는 두 개의 긴 강을 유역으로 하는 북위 30~40° 사이 지역에서 발원되었다. 처음으로 피어나 청아한 그 모습은 자연의 들꽃과 거의 구별이 없었다. 전설에 의하면 요임금과 순임금의 궁궐은 마루의 높이가 석 자였고 흙으로 된 섬돌이 세 계단 있었으며 다듬지도 않은 서까래를 걸쳐 띠풀로 지붕을 이었는데 처마 끝을 가지런히 자르지도 않았다고 한다.

황하 문명이 배출한 인류 최후의 정방正邦 은나라가 점점 혼미한 정국으로 접어들면서 악마의 유혹과도 같은 제국의 그림자가 어른거릴 무렵 그 무도한 손길을 감지한 백성들은 무리지

도덕경 백서본, 그 어느 무신론자의 독백

어 동쪽으로 하염없이 떠나게 되었고 행렬은 언제까지나 이어진다. 요동을 지나 이미 접한 문명의 꽃이 생존할 수 있는 땅의 끝, 반도에 이르렀을 때 거기에는 자연과 하나같은 인류들이 이미 자리 잡아 살고 있었고 그들은 스스럼없이 합쳐져서 하나가 되었으며, 이윽고 바다 건너 이웃한 열도까지 이르러 또 그렇게 합쳐져 하나가 되었다. 단언하건대 이것이 반도와 열도 인류의 유사有史다.

그리고 내륙에 남겨진 사람들은 소용돌이치는 천 년의 세월 끝에 한족漢族이라는 이름으로 거듭나게 되지만, 한족이라는 이름의 성제는 동일을 이룩한 한나라의 정치 제도와 그 문화적 정서에 흡수되어 각자가 보유했던 본래의 고유한 언어와 풍습 등을 잊어버린 부족들의 공동화된 집합체를 이르는 것에 다름 아니다. 그들이 실질적 기원으로 삼고 있는 한漢제국 이후 왕조는 숱하게 교체되었고, 그때마다 번갈아 그들의 문화 양식으로 교화받아야 마땅할 변방의 미개한 부족에게 오히려 정복당했으며, 그 지배 통치를 끝으로 보다 생소한 오랑캐 일제를 비롯한 서구 열강들의 각축장이 되어 참람한 유린을 당하다가 가해 세력들이 스스로 지친 후에야 한족을 자처하는 부류가 문명적 정체성을 근거로 겨우 국가적 권력을 표방하며 들어설 수 있었다.

이어서 공산주의라는 이데올로기로 무장하고 권력을 쟁취하여 오늘의 국경을 이루었지만 정체 상태를 견디지 못하고 실용이라는 구호를 더하여 정권 창출의 명분도 무색하게 시장경제라는 자본주의 체제로 변신했으며, 그 결과 빈부의 격차는 극을 달리는 것으로 보인다. 작금에 동북아 지역의 점유 명분이 불안정하다고 보고 동북아공정이라는 역사정비 작업을 추진하는 모양이지만 역사는 시대의 요구에 따라 정비되는 것이 아니며 정권 유지에도 아무런 도움이 되지 않는다. 분명한 사실은 인류 유사 이래 집권 권력이 패망한 원인은 모두 경제 운영의 실패, 즉 극도로 벌어진 빈부의 격차에 있었지 국경이 허술한 데 있었던 것이 아니다.

한편, 주지한 유사를 따라 발원한 열도는 나름대로 우여곡절을 겪은 후 일본日本이라 명명하며 일찍이 서구 열강 제국의 화신이 되어 도깨비조정에 다름없던 조선을 접수하고 종이호랑이에 다름없던 청조를 격파하기에 이르렀는데, 그 의지가지없이 방치된 백성들에게 저지른 극악무도한 만행을 그치게 할 수 있었던 것은 제국 귀신보다 더 무서운 원자탄 귀신 두 방이었다. 그래서 우리는 해마다 8월 15일이 도래하면 건국이니 지랄이니 할 것 없이 그 악마 딱지 같은 일제日帝를 떼어준 원자탄 파편이라도 주물러 모셔놓고 받들어 기념하는 것이 보다 마땅한 경우가 될 것이다.

그런데 이들은 그 된서리를 맞고도 어떻게 다시 일어났고, 작금에 이르러서는 21세기판 검투사 경기를 벌여놓고 즐기며 풍요로움을 만끽하고 있다. 이것은 권선징악하며 동해물과 백두산이 마르고 닳도록 만세를 보호해주는 하느님의 표상이 임한 결과가 아닌 것만은 확실하다. 여기서 일본의 진실에 대한 한마디 고백과 같은 말을 들어볼 필요가 있다.

한국에는 한국인의 민족 의식을 나타내는 '문화적 상징'으로 단군 신화가 있다. 북한은 1994년 이 한민족의 시조인 단군의 유골을 발굴했다며 단군릉의 건설을 국가 산업으로 추진했다. 단군릉을 언급했으니 진무(神武) 천황릉의 건설도 언급하지 않으면 안 될 것 같다. 에도 막부(1603~1868) 말기에 일본에서는 민족 통합의 지주라 할 수 있는 천황의 권위 확립을 위해 능의 수리를 실시했는데 이때 진무 천황릉의 건설이 이루어졌다. 건설이라고 굳이 쓴 것은 아무 것도 없는 곳에서 창출된 것과 같았기 때문이다. 고대 천황릉 가운데 몇 곳이 발굴될 경우 고대 천황제가 오진(應神) 왕조, 게이타이(繼體) 왕조, 간무(桓武) 왕조 등으로 여러 차례에 걸쳐 교체되었다는 사실이 드러날 것이 분명하다. 그럴 경우 만세(萬世) 일계(一系)의 천황제 이데올로기가 붕괴되는 것은 말할 필요도 없다. 궁내성 및 그 후신인 궁내청이 서능부(書陵部)에서 관리하는 능묘(陵墓)의 고고학적 조사를 거부하는 것도 고고학적 내셔널리즘을 종용한 것이다. 고고학 내셔널리즘은 작위에 의한 것도 있지만 부작위에 의한 것도 있는 것이다.

이와 같이 영토 주권의 근거를 만들거나 건국 신화의 창작을 위해 추구하는 고고학 내셔널리즘의 책략에 비하면 도호쿠(東北) 구석기문화연구소의 전 부이사장이 구석기 시대 전기의 석기를 날조한 것 등은 그래도 봐줄 만한 것은 아닐지, 현재 세계에서 건국 신화에 근거하여 건국기념일을 제정한 나라는 한국(개천절)과 일본(건국기념일, 2월 11일)뿐이다.

— 『민족분쟁의 세계지도』, 다카사키 미치히로(高崎通浩)

바다라는 천혜의 만리장성이 둘러쳐진 열도는 일찍이 무도한 제국의 손길이 쉽게 닿지 못하여 사람들이 보다 순박한 상태로 오랜 날을 살 수 있었다. 그래서 기만과 협박의 수단일 밖에 없는 이데올로기의 강요가 필요 없이 실질적인 수단을 가진 칼잡이의 단순한 통치가 가능했으며 그 백지 위에 근세로 접어들면서 서구의 물질 문명을 용이하게 더할 수 있었는데, 그처럼 단순한 국가적 연륜으로 인해 만세일계로 이어졌다는 선민의식의 고취만으로도 쉽게 통일제국화의 길로 갈 수 있었던 것이다.

그래서 열도의 역사에서 적어도 에도 막부 이전 기록은 한낱 신화일 뿐이지만 반면교사 서구처럼 근본을 외면하고 부단히 창출하여 각인시킨 천자를 기둥 삼아 선민들을 오늘날의 영광에까지 이끈 통치주장자들, 그 신들의 위패를 모신 성전에 참배하며 그것을 내일을 가늠할 사상적 기틀로 삼아 우로 또 우로 그칠 줄을 모르고 한없이 가고 있는데 그 종착지는 과

도덕경 백서본, 그 어느 무신론자의 독백

연 어떻겠는가? 이제 2011년 3월 11일에 발생한 회복 불가능한 재앙 후쿠시마 원전 사태가 없었더라도 무작정 서구를 추종해서 일구어진 사회 전반의 운영이 지속 불가능하다는 것은 풍성한 물질 문명을 누리고 살아가는 오늘날에 이르러 점점 더 비일비재한 고독사로 대변되는 황폐한 현실이 분명하게 증명하고 있다.

이곳 한반도는 중앙집권 통치가 강화된 고려조가 들어서기 전까지 거의 자연발생적인 부족국가 형태의 수많은 군현국가들로 이루어져 있었으며, 그래서 보다 오랜 세월을 이정지방以正之邦의 형태에 가까운 세상 아래 있었고 반도 땅의 백성들은 그만큼 이상향에 가까운 세상을 누리고 살았던 것이다. 신라, 고구려, 백제라는 이름의 군국이 보다 범위를 넓게 자리하고 있을 수도 있었겠지만 이 나라들만이 유일하게 존재한 것도 아니고 또한 대를 줄줄이 엮어낼 만큼 반듯하게 이어지는 왕조가 있었던 것도 아니다. 그래서 지금까지 알고 있는 고려조 이전의 역사는 오늘날 방영되는 역사드라마처럼 상황에 따라 입맛대로 주워섬기는 허무맹랑한 설화 차원의 이야기일 뿐이다.

전래의 역사에서 이제까지 가장 의문스러운 사항은 그처럼 유구했던 역사를 가진 신라의 도읍지 경주에 사찰이 자리한 곳으로 추정되는 터는 있으나 아무리 살펴봐도 궁궐의 터전으로 추정되는 곳은 발견된 적이 없다는 것이다. 이 풀리지 않았던 수수께끼는 본 일서의 '위이불사爲而不寺'라는 말로 해결이 가능하다. 경주의 불국사, 전국에 산재해 있는 고분군古墳群과 전설이 되어버린 나라 이름들, 그곳의 주위에는 반드시 오랜 세월을 이어온 절寺이 찰刹이라는, 따져보면 엄혹하기 짝이 없는 글자를 덧붙여 자리하고 있는 것은 무엇을 말해주고 있는가!

한반도가 중부 지역에 위치한 세력들에 의해서 통일이 되었다는 것은 중원으로부터 불어닥치는 무도한 제국의 손길을 막는 마지막 보루로 여겼던 소백산맥이라는 천연 장성이 와해되었다는 것을 의미한다. 그렇게 중앙집권화 통치가 시작된 고려조였지만 소위 말하는 도교적 사유가 명실공히 정치 이데올로기 역할을 했는데 그 실상은 설화를 통해 짐작해볼 뿐이다. 그렇지만 백성들은 오늘날 우리가 상상하기 어려운 질서와 풍요함을 누렸던 것으로도 보인다.

지금은 왕씨 때와 같지 않다. 고려 때는 백성에게 부세하는 것이 한절이 있었고, 산택에서 나오는 이익도 백성들과 함께하였다. 상업이 유통되고 공장工匠에게도 혜택이 있었다. 또 능히 수입을 요량해서 지출했으므로 나라에 남은 저축이 있었다. …(중략)… 우리나라는 그렇지 않다. 변변하지 못한 백성을 거느리고 있으면서 신을 섬기고 윗사람을 받드는 범절은 중국과 같다. 백성이 내는 부세가 다섯이면 관청에 돌아오는 것은 겨우 한 몫이고 그 나머지는 간사한 자에게 흩어진다. 남은 저축이 없어 사고라도 있으면 일 년에 혹은 두 번도 부과를 하는데 수령이 이것을 빙자하여 덧붙여 거두는 것이 끝이 없다. 그래서 백성들의 시름과 원망은 왕씨 말기보다 더 심하다.

—『호민론毫民論』

이윽고 고려조도 제국적 체제가 때에 이르러 스스로 부패의 수령으로 떨어져 존립이 불가능한 지경에 이르렀을 때 중원의 한족에 의한 명明제국의 성립과 거의 때를 같이하여, 훈고학 정도로 영락한 유교사상에 '이기론理氣論'이라는 만능 병기를 추가로 장착하여 한층 업그레이드시킨 송宋나라 말기의 '주자학朱子學'으로 단단히 무장한 조선조기 비야흐로 임하게 된다. 후일 통치 주류들이 주자학을 집대성한 경지는 중원도 곁눈질하며 아득히 바라볼 지경이었고, 열도는 그 한 조각을 차용한 '에도 막부'가 막 아울러진 제국의 기반을 다지는 이론적 근거로 삼기에도 충분할 정도의 비약이 있었던 것이다. 그래서 유교와 주자학이 발원한 곳은 대륙이었지만 현실에 오로지 적용한 경지는 중원의 어떤 조정도 반도의 조선조에 비할 바가 아니었다.

성인이 나오지 않아 이단이 날로 번성하다가 비로소 송대에 이르러 우리 유도가 크게 천명되었지만, 작금에 이르도록 여전히 이단의 의혹을 버리지 못하니 심히 개탄스러운 일이다. 유작이 선으로 해석한 논어, 여거인이 선으로 해석한 대학, 소

식이 선으로 해석한 주역, 왕안석과 장구성이 선으로 해석한
오경은 모두가 저마다 주둥이를 가졌다고 지저귀는 새소리에
다름이 아니고, 얼핏 이치에 가까운 것 같지만 진실을 어지럽
히는 것일 뿐이다.

(聖人不作 異端日滋 及至有宋 斯道大闢 而猶有聽瑩之歎. 游酢以禪解論
語, 呂居仁以禪解大學, 蘇軾以禪解易, 王安石,張九成以禪解五經. 喙喙
羣鳴 近理而亂眞)

상기는 개혁의 군주로서 그의 의지가 관철되었더라면 지리
멸렬한 조선의 국운을 바꾸어놓았을 것인데 졸지에 승하한 것
을 안타까워 마지않고 있는 정조正祖가 학자들에게 내린 친서
라고 한다. 즉, 요순으로부터 공자에까지 전해진 유학의 도통
이 양주楊朱 묵적墨翟 등에 의해서 위태로워진 것을 맹자孟子가
바로잡았고 이후 오랜 세월 성인이 나타나지 않아 이단이 기승
을 부리게 되었는데 송대宋代에 오자五子(주돈이周敦, 정호程顥, 정
이程, 장재張載, 주자朱子 등 성리학을 창시하고 완성했다고 평가받는 다
섯 학자)가 나타나 겨우 전통을 유지했지만 작금에 이르도록 이
단이 우글거린다며 본산 중원과 당조의 현실을 싸잡아 질타하
고 있는 것이다.

이토록 내면화된 이데올로기로 인하여 찻잔 속의 파도 같은
파동이 있었을 뿐 고스란히 이어진 반 천 년의 족적은 인류 문
명사에 전무후무할 것이기에 기념비를 새기고도 남음이 있다.

그토록 질긴 수명은 선대로부터 이어지는 무위적 유전인자를 지닌 백성들과 통치 주류들이 정권 헤게모니 장악을 위해 주자학 정통 교리를 빙자하며 어떤 이설도 용납하지 않는 상황이 맞물린 결과라고 할 수가 있다.

> 上帝者何 是於天地神人之外 造化天地萬物之類 而宰制安養之者也
>
> —『춘추고징』

> 天土始制天地萬物而主宰安養之者也
>
> —『천주실의』

상기의 전자는 유교의 기라성 같은 사제 가운데 작금에 이르도록 두루 추앙되고 있는 다산 정약용이, 그리고 후자는 기독교 동양 전도사에 이정표를 남긴 마태오 리치가 각기 설파한 말이다. 상제와 천주라는 명칭만 다를 뿐 하늘에 거하시는 하느님이 이 세상을 두루 관장하신다는 의미는 정확하게 일치한다.

미루어 보면 유교와 기독교 또한 궁극에는 동일한 경지에서 조우하게 되고, 그래서 이 반도 지역에서 기독교 전도사에 전무후무한 성공을 기록한 것은 까닭없는 성령이 임한 것도 아니고 기적이라 호들갑 떨 것도 아니다. 적어도 500년 세월을 두고 쌓아온 내공이 낳은 결과인데, 이토록 치열한 역사를 거친 반도의 작금의 실정은 어떤가?

새겨보면 세상의 깊이가 어느 정도인지 가늠이 불가할 뿐이다. 대략 2,000년 전에도 세상을 두고 이렇게 탄식했다.

"옛날에는 계절마다 그 자연에 정성을 다해 감사의 제사를 올릴 뿐 아무것도 바랄 것 없는(時祀盟敬而不祈願也) 자족의 세월을 누렸는데 오늘에 이른 세상에는 바른 것이 이상한 것으로 뒤집어지고 福과 禍가 엉키어 그 끝은 아무도 알 수 없게 되었다. 정연했던 그 세상은 가버렸으니(孰知其極其无正也), 인간들이 혼미해버린 지가 오래되었다(人之昏也其日古久矣)."

그런데 그 치열한 주자학 왕조 오백 년의 세월 끝에 일제의 수탈을 겪고 이어진 괴뢰 정권과 군사독재 정권 그 무도한 치하를 견디며 살아갈 때도 기쁠 때는 함께 웃고 슬플 때는 함께 울었다. 그런데 풍요로 대변되는 마이카 시대에 이른 오늘날 그 실정은 과연 어떠한가!

바른 것이 좋으면 바르게 될 뿐이고(樂正與爲正), 다스림이 좋으면 다스려질 뿐인데(樂治與爲治), 하나의 수단을 오로지 취한 일단의 무리가 전횡을 하여도 속수무책인 세상에 무슨 정의가 구현되겠으며, 대표성을 상실한 대의제가 무슨 민주정치를 할 수 있다는 말인가! 혼미한 군상들의 다함없는 성원에 말미암아 세워진 작금의 국가 정치 권력이 그 어떤 비전도 무색하게 서구의 충실한 하수 노릇을 자청하면서 벌어지고 있는 현상이 지속된다면 분명히 구한말의 혼미함을 능가하는 지경이 초래될 것이다.

5.
결론

　오늘날 중국의 공산당 정부는 과거 한漢제국 말기만큼이나 이완된 민심을 추스르기 위한 일환으로 새삼스럽게 그들 민족의 시조라며 황하 유역에 216억 원을 들여 높이 106m에 달하는 황염이제黃炎二帝 조각상을 세우고 민족적 일체감을 도모하고 있다. 하지만 그리스 로마 신화만큼이나 부질없는 상상을 피하기 위해 황제라는 이름은 막연한 상징을 의미하며 신농씨神農氏라고도 불렸다는 염제가 바로 요임금이며, 이렇게 시작된 상고사에서 이상향은 순임금 시절을 마지막으로 인간세계에서 영원히 떠나버렸다는 정도로 상상의 한계를 제한해도 여기에 이의를 제기할 근거는 아무것도 없다. 도덕경에는 입천자立天子 치삼경置三卿이라는 당시의 정치 체제에 대한 언급을 하면서도 요순堯舜에 대해서조차 일체의 언급이 없다.

　인류의 아득한 전설을 뒤로하고 세워진 주나라 이후 천 년의 세월 동안 여러 군왕들이 사력을 다한 활거 시대를 끝으로 드디어 진秦나라가 그 드넓은 지역을 평정하게 되지만, 이 통일의 막후 실력자는 시황제도 중부라고 불렀다는 여불위呂不韋였기에 상국의 자리에 임하여 제국 초기의 모든 정령은 그의 손을 거쳐 시행되었다. 이때 그가 여러 유자儒者(여기서 말하는 유자는 훗날 관료 그룹을 형성한 체제 대변인 격의 유가儒家와는 다른, 소위 말하는 사제 계급 정도의 식자識者를 의미한다)들을 불러 모아 부단한 노력 끝에 이룩한 통일제국의 백년대계를 위한 초석을 갈음할 보편적 사상을 집대성하기에 이른다. 이것이 황하 문명권의 고전 가운데 주목할 필요가 있는 『여씨춘추呂氏春秋』다.

후일 이 문집에 대한 대체적 논평을 보면 '도덕을 목적으로 삼았고 무위를 기본 강령으로 삼았으며 충의를 규범으로 삼았고 공정으로써 검증을 했다'라고 하는데 부질없는 말잔치에 다름이 아니다. 어디까지나 제국의 중앙집권 체제 유지를 위해 보편적인 이데올로기 창출을 목적으로 일구어진 시대적 사유들을 모아 나름대로 체계화한 것이다. 그러나 무엇을 도모하든지 스스로의 본질을 먼저 알아야 하는 법이다.

오랜 각축 끝에 이룩한 제국 진나라가 겨우 당대의 풍미만을 누리고 26년이라는 짧은 세월 만에 멸망한 요인은 체제를 보필해야 할 유자들이 막상 이루어진 제국의 본질을 훗날의 명민한 유가들처럼 제대로 파악을 하지 못했기 때문이라고 할 수가 있다. 『여씨춘추』에서 한 유자가 전하는 이야기를 들어보자.

옛날에 주나라가 바야흐로 일어날 때에 어떤 선비 두 사람이 고죽국에 살았는데 이름을 백이와 숙제라고 불렀다. 그들이 듣기로 서쪽에 어떤 시골 제후가 있는데 그가 다스리는 나라가 장차 도가 세워질 세상이라는 말을 듣고 그 주나라를 향해 갔다. 기양 땅에 이르렀더니 문왕은 이미 죽고 무왕이 즉위하여 주나라의 덕을 사람들에게 보여주었으니 숙단叔旦을 보내 고력膠鬲을 자신의 편으로 끌어들이고 그에게 약속하기를 봉록을 3등급 더하고 관직을 한 서열 올려준다고 하였고, 소공召公을 보내 미자계微子啓를 자신의 편으로 끌어들이고 약속하기를 송나라를 소유하게 하고 세세토록 제일 높은 제후 자리를 보장한다면서, 각각 맹약의 표시로 문서를 세 개씩 만들어 희생의 피를 바르고 하나는 땅에 묻고 각자 하나씩 가지고 돌아갔다. 이 소식을 듣고 두 사람은 놀라는 표정을 감추지 못하고 이렇게 말했다.

아아, 정말로 이상하구나! 이것은 우리가 생각하는 도가 아니지 않는가?

(譆, 異乎哉! 此非吾所謂道也)

옛날 신농씨가 있었던 세상에는 사시의 제사에 공경을 다했지만 복은 기원하지 않았고, 백성들을 다스림에는 정성을 다했지만 그 무엇도 요구하는 바가 없었다.

(昔者神農氏之有天下也 時祀盡敬而不祈福也 其於人也 忠信盡治而 無求焉)

바른 것이 좋으므로 바르게 되는 것이고, 다스림이 좋으므로 다스려지는 것이지, 남을 무너트리고 나의 공을 이룰 수 있는 것이 아니며, 남을 밟고 내가 높여질 수 있는 것이 아니다.

(樂正與爲正 樂治與爲治 不以人之壞自成也 不以人之庫自高也)

지금 주나라는 은나라의 어지러움을 틈타 뇌물로써 회유하고 무력으로 위협하며 희생의 피로 맹약의 신뢰를 삼고 자신의 꿈 이야기로 무리를 선동하며 치고 죽임으로 이익을 구하였다. 이러한 일로써 은나라를 계승한다는 것은 어지러움을 포악함으로 바꾸는 것 외에 다름이 아니다.

— 十二紀 季冬紀 誠廉

상고해보면 제국의 근원지는 주나라이기에 체제의 대변자 유교에서는 주나라의 건국 시조를 성인으로 받든다. 그래서 공자는 주공周公을 꿈속에서도 오매불망 그리워했다고 하는데 이런 용의주도함을 외면한 채 어설프게 사실을 말하고 있으니 어떻게 소기의 목적이라도 달성할 수 있었겠는가.

아무튼 인간은 매우 편리한 사고력을 가진 동물이다. 한 모사로 하여금 남몰래 제후 나라를 찾아가 그 나라 명사들 가운데 재물로 움직일 수 있는 자에게는 많은 선물을 주어 결탁하고, 말을 듣지 않는 자는 칼로 찔러 죽이고, 임금과 신하 사이를 이간질시켜놓고, 뒤이어 한 장수를 보내 그들의 뒤를 쳐서 함락한 나머지 이룩한 통일제국, 그 스스로의 무도한 폭력은 망각하고 천명을 주장하며 새로운 이상향의 신기원을 염원했던 것이다.

과도기적 제국 진나라가 패망한 후 들어선 한漢제국의 사제 계급은 앞선 여불위의 실패를 교훈 삼아 대책을 강구한 나머지 드디어 유자儒者에서 브로커 집단이 된 유가儒家의 동중서董仲舒 라는 자가 제출했다는 천명사상의 확립과 사상논쟁 금지를 골 격으로 하는 '대책'이 집권자에 의해 채택된다. 이것을 계기로 인간들에게 이데올로기 재갈이 채워지고, 그 후로 위대한 권위 로 점철된 조사들이 수고를 마다않고 전례를 빌미로 일구어놓 은 체계, 일상적으로는 도저히 숙지하지 못할 예의범절의 미로 를 답습하게 해서 사고력을 소진시킨 나머지 고도로 경직되고 체계화된 관료 사회를 창출하게 된다.

공자를 정통으로 이어받은 맹자가 그의 제자와 나누었다는 아기자기한 이야기를 한번 들어본다.

팽갱이 묻기를, "뒤에 따르는 수레 수십 대와 수행하는 사람 수백 명을 거느리고 제후에게 옮겨 다니며 녹을 받아먹는 것 은 사치가 아니겠습니까?"

맹자가 말했다. "정당한 방법에 의한 것이 아니라면 한 그릇의 밥이라도 남에게 받아서는 아니 된다. 그러나 정당한 방법에 의해서라면 순임금이 요임금의 천하를 이어받는 일도 결코 사 치스러운 것이 아닌데 자네는 그 정도의 것을 가지고 사치스 럽다고 생각하는가?"

"그런 말이 아닙니다. 선비라는 사람들이 하는 일도 없이 녹만을 받아먹는 것이 불가하다는 말이지요."

"그러면 가령 자네가 정국을 담당하는 위치에 있어, 백성들이 각자 만든 물건을 유통되게 해주고 일거리를 분담해주어서 남는 것을 가지고 부족한 데를 보충하도록 강구하지 않는다면 농부에게는 곡식이 남아돌고 여공에게는 천이 남아돌게 될 것이다. 그런 것을 자네가 유통시켜준다면 목수나 수레 만드는 사람은 모두 자네로 인해서 먹을 것을 얻게 되는 것이다. 그런데 여기에 한 사람이 있어 집에 들어가면 어버이를 섬기고 밖에 나가면 어른을 공경하고 선왕의 도를 지켜 뒤의 사람들을 가르쳤다. 그런데도 그 사람은 자네로 인해서 먹을 것을 얻지 못하게 되면 자네는 어찌 목수와 목공은 존중하면서 인의를 실천하는 선비를 경멸하는 것이 아니겠는가?"

"목수와 수레 만드는 사람이 재능을 다해 일하는 목적은 먹을 것을 구하는 데 있습니다. 군자가 인의를 실천하는 것도 그 목적이 역시 먹을 것을 얻자는 데 있습니까?"

"허허, 참으로 딱하네! 자네는 왜 하필이면 모질게시리 그 목적을 가지고 문제를 삼는가? 자네에게 해준 일이 있으면 먹여줄 만하기에 먹여주는 것뿐이다. 그런데 자네는 그 목적에 따라서 먹여주는가? 해준 일의 성과에 따라서 먹여주는가?"

"목적에 따라 먹여줍니다."

"그렇다면 여기 일솜씨가 서툰 사람이 있어 그가 기왓장을 부수고 담 벽에 칠을 잘못했어도 목적이 먹는 것을 얻자는 것이라면 자네는 그를 먹여주겠는가?"

"먹여주지 않습니다."

"그러면 자네도 역시 목적에 따라서 먹여주는 것이 아니고 해
놓은 일의 성과에 따라 먹여주는 것일세."

—『맹자』제6권 滕文公章句 下

　동양이 아메리카대륙의 원주민 세상처럼 무도한 유럽의 손
길에 의해서 완전하게 멸망하지 않고 오늘날 이 정도로 유지가
되는 것은 서구 기독교에 버금가는 제국 체제 이데올로기 유교
가 仁義의 기치 아래 뿌리내려 버티고 있었기 때문이라고 할
수가 있다. 사실 서구의 제국 발원지 로마는 제정기로 들어선
이후 합리성에 바탕을 둔 제도적 운영 체계는 사장되고 집권자
로 등극한 황제의 연고에 의해서 일구어진 사조직적 집단이 후
일에는 교회법 체계에 편승해서 영위되었을 뿐이다. 동북아제
국 역시 천명이라는 모호한 사상에 집권의 근거를 두고 있는
유교 학설에 의지했지만 비교적 합리성을 띤 관료 조직이 끈질
기게 이어졌던 것인데, 그러나 본래 어떤 명분도 없이 무력에
만 의존하는 조직체의 운영을 로마제국처럼 신의 뜻을 빙자하
여 일사불란하게 처리하지 못하고 합리성을 따지고 명분을 살
피는 것은 효율 낭비에 다름이 아니기에 이것은 제국적 통치
체제에는 최선책이 되지 못했다.

　그래서 훗날 무도하기 그지없어 해적 집단에 조금도 다름이

아니었던 대영제국으로부터 개항을 강요당하고 아편 판매로 국부가 수탈당하며 백성들은 마약에 취해 시들어갔어도 무력을 앞세운 그 조직 깡패의 마약 판매 행위를 두 눈을 뜨고 뻔히 보면서도 속수무책일 뿐이었다. 백성들은 황제의 정당성, 즉 현실 유지에 필수적인 계급 체계와 침략자가 던진 평등이라는 미끼를 두고 자중지란을 거듭한 나머지 일제라는 천지도 모르고 날뛰는 신흥 조직 깡패의 난장판을 겪었지만 용하게도 비교적 말살되지 않고 유구하게 이어온 역사적 전통도 점점 무색해진 채 세계화된 세상에 패권을 다투는 모양새에까지 이르게 되었는데 다툼의 경지에는 서로가 닮아갈 뿐이다.

제3부

백서본帛書本의
정체

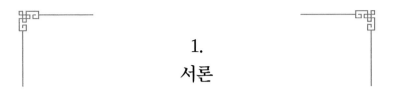

1.
서론

밤하늘에 반짝이는 수많은 별은 우리의 시각, 청각, 후각, 미각, 촉각에 감지되지 않는 원자들이 억겁의 시간 속에 뭉쳐진 나머지 생겨난 자체의 중력과, 그 중력에 의한 폭발력이 균형을 이룬 상태에서 핵융합반응을 하고 있는 불덩어리들이다. 그렇게 연소할 수 있는 에너지가 소진되면 가스나 먼지로 흩어졌다가 억겁의 시간 속에 또다시 뭉쳐져서 새로운 별이 된다.

우리가 살아가는 지구는 무한계의 우주 공간에서 이렇게 윤회하는 무한정의 별 가운데 하나의 항성인 태양이 만들어지고 남은 부스러기가 나름대로 모여 구 형태를 이룬 여러 집합체 가운데 하나다. 그렇게 생겨난 지구상에 존재하게 된 모든 생명체도 주어진 환경에서 불멸의 유전인자에 말미암아 생겨나서 1억 5,000만㎞라고 추정되는 거리 저 너머에서 비추는 태양빛을 양식 삼아 스스로 부단히 적응하는 중의 현상이라는 것

도덕경 백서본, 그 어느 무신론자의 독백

을 오늘날의 과학은 말하고 있다.

그러면 우리는 옛날 어느 별 부스러기에서 어떤 유전인자에 말미암아 태어나 애증의 삶을 영위하다가 사라졌고, 결코 없어지지 않는 그 유전인자에 말미암아 지금은 태양이라는 별이 만들어지고 남겨진 여러 행성 가운데 하나인 지구에서 태어났고, 다음에는 또 어느 별 부스러기에서 태어날 운명이라고 하여도 이런 윤회의 과정에서 지금 이 세상에서 '나'라는 존재가 느끼고 있는 자의식, 다시 말하면 지금 내가 사랑하고 미워하는 대상과 갈망하는 목표나 그런 감정 등이 다음의 그 어느 세상에서 그대로 상존하기를 바라거나 믿는 것보다 더 부질없는 망상은 없다. 그래서 본 일서도 피안의 세계에 대해서는 일언반구의 언급도 없이 오직 사람들이 살아가는 당면한 현실의 정치와 경제에 대한 일종의 독백과도 같은 주장뿐이며, 따라서 화자의 시선은 처음부터 끝까지 언제나 사람들이 다투고 부대끼며 살아가는 현장과 저잣거리를 결코 떠나지 않는다.

본 일서의 실상은 이처럼 절실하나, 선악을 초월해 있는 생존을 앞에 두고 서주西周시대로부터 진秦나라에 의한 통일까지 대략 천 년의 과도기를 거쳐 이천 년을 흘러온 중앙집권에 의한 제국 체제 아래에서 연명해온 인생들의 질곡을 생각해보면, 어느덧 실질적 생존 기반을 상실하고 체제의 브로커로 전락한 자들이 학자學者라는 이름 아래 별의별 명함을 꿰차고 현학이라는 희대한 대명사를 부여한 후 중구난방 차원은 천편일률적이고 최근의 해석일수록 더욱 가관인 무지막지한 몰이해도 어쩌면 당연한 것인지 모른다.

'노자는 무엇인가의 방법으로 신비적 경험을 통하여 도달한 경지를 말한 것에 틀림이 없다.' 이런 시각은 보편적이다. 저자가 어떤 신비한 방법으로 터득했는지는 알 수 없으나, 천지조화에 대한 내력을 관조하고 그 안에 있는 사물의 본성을 간파한 경지는 로마가 제국화되기 바로 이전에 살았던 에피쿠로스 추종자 루크레티우스의 경우와 사뭇 비교가 된다. 관점과 접근에 대한 차별은 있는 것 같으나 양자가 공히 오늘날의 과학이 밝히고 있는 실제와 비교해도 아무런 오류가 없다. 다만 간과할 수 없는 것은, 추종자가 있고 없다는 차이다.

추종은 궁극에는 이데올로기를 낳고 이데올로기는 종교를 잉태한다. 트로이 전쟁을 앞두고 아가멤논이 자신의 딸을 재물로 바치는 전설적인 이야기를 하면서 종교의 해악을 그토록 지적하는 루크레티우스 역시 에피크로스에 대한 추종은 신격화다.

"인간의 삶이 무거운 종교에 눌려 모두가 눈을 내리깔고 비천하게 엎드려 있을 때 그 종교는 하늘의 영역으로부터 머리를 보이며 소름 끼치는 모습으로 인간들의 위에 서 있었는데 처음으로 한 희랍인이 필멸의 눈을 들어 처음으로 감히 맞서 대항하였도다. 그토록 큰 어둠에서 그토록 밝은 불빛을 처음으로 들어올려 삶의 기쁨에 빛을 비춰주실 수 있었던 이여, 저는 당신을 따릅니다. 오! 희랍 민족의 영광이시여. 당신의 깊이 찍힌 자취에 저의 발자국을 눌러 딛습니다."

그러나 본 일서에는 聖人이라는 불특정 존재만 수시로 들먹일 뿐, 그 어떤 고유한 존재는 일절 등장하지 않는다. 또 그 어떤 지명조차 나오지 않는데, 그럼에도 불구하고 神에 대한 관념은 양자가 일치하는 것으로 보인다.

아무튼 우선 통용본이 세상에 자리하게 된 그 대체적 맥락을 더듬어보고자 한다. 산맥의 동쪽에서 본격적인 제국 세상을 연 한漢나라가 당연히 도래한 한계 수명에 이르러 또다시 시지프스의 돌을 이어받아 위진魏晉시대를 개척한 자는 조조曹操다. 그가 기라성 같은 경쟁자를 물리치고 한나라를 계승할 수 있었던 결정적 요인은, 생존의 한계에 이른 절박한 현실에서도 통치 권력 앞에는 항상 바람에 휩쓸리는 갈대처럼 고개 숙여 따르기만 하던 백성들이 돌연 들불처럼 들고일어나게 된 사상적 근원을 파악하고 거기에 따른 대책을 적절히 취했기에 가능했다. 그리고 그 결과의 일환으로 정권의 일가에 속해 있던 왕필王弼에 의해서 적절하게 변조된, 이른바 왕본王本 도덕경이 탄생하게 된 것으로 보이는데 그러나 훗날 왕필은 본 일서를 편찬했다는 이유만으로 조선조 유교 사제들에게 이단의 괴수로 한없는 질타를 당하게 된다.

아무튼 유일한 진본이라고 생각되는 백서본과 통용본으로 대변되는 왕본을 대조해보면 확인할 수가 있겠지만, 변조의 사례를 들어보면 각자 독립적이면서 그 속편 격으로 소위 말하는 도경을 앞에 배치하고, 원본 격인 덕경을 뒤에 배치하고, 81장으로 분리하고, 결정적인 부분에서 문장의 순서마저 바꿔놓고, 대화체 문장에서 필수적인 어조사를 제거하여 자체를 경구화하고, 또 주된 의미를 표현하는 글자를 삭제하거나 혹은 전혀 의미가 다른 글자로 대체하는 등이다. 이후로 진본은 무도한 인간들의 손길이 닿지 않은 땅속 깊숙이 한 본이 묻혀 있었을 뿐 세상에서 사라지고, 왕본과 다름없이 변질된 초본抄本만이 나돌게 된 것으로 보인다. 이런 연유로 지상에서는 완전히 사라진 후 점점 더 혼미해지는 세상을 힘겹게 살아가게 된 인간들은 2,140여 년 만에 드러난 백서 진본을 여실히 보고도 감히 바로잡을 엄두도 내지 못하고 여전히 변질된 왕본류의 초본들을 붙들고 늘어지면서 기만적인 작태를 답습하고 있는 것이다.

천기누설이라는 말이 회자되고 있지만, 천지조화에 대한 내력은 과학적 사고에 의해서 이제 소상히 밝혀진 바이므로 오늘날의 사전에도 이는 인간 세상의 조직 체계에 대한 실상을 말하는 것으로 풀이하고 있다. 그런데 그 기만과 협박과 권모술수에 의해서 일구어진 조직이 금단으로 정할 수밖에 없는 실질의 세상을 여지없이 밝히고 있어 그야말로 피바람이 휘몰아

도덕경 백서본, 그 어느 무신론자의 독백

치기가 십상인 천기누설 차원의 비서를 든다면, 그것은 태양이 쌍어궁자리에 들어섰던 대략 이천 년 전 마왕퇴라고 명명된 무덤에 깊숙이 묻혀 있었기에 파괴의 손길을 피할 수 있었던 도덕경 백서본밖에 없고, 그 유일한 진본은 갑본이라는 사실은 비교 검토해보면 누구나 확인할 수가 있다.

실제로 본 일서가 발견될 당시 중국이라는 국가가 어떤 이데올로기를 따르든 상관없이 그 중앙집권 체제 자체가 부정된다는 것을 위정자들이 알아챘다면, 사해의 암벽 동굴에서 양치기 목동에 의해 우연히 발견된 영지적 사유의 문서들이 재빠르게 바티칸에 인계되어 창고에 깊숙이 숨겨지고 실체는 결코 세상에 공개되지 않듯이, 본 일서도 '마왕퇴'라는 묘에서 발굴된 이후 비슷한 운명을 따랐을 것은 발견 당시의 정황 기록을 보면 예상이 된다. 그만큼 제국적 조직체로 점철된 인간계는 점점 스스로 상식을 상실했다고 볼 수가 있고, 이런 연유를 따라 인간사회를 유지하기 위한 마지막 보루가 될 정치와 종교의 영역이 오히려 가장 타락한 데서 인류는 점점 더 깊은 수렁을 헤매게 되는 것이다.

본문은 대화체가 가미된 독백체 형식의 문집이고, 흔히 역설과 반어법 운운하는데 그런 의미의 말은 한 곳도 없고 문학적 수법인 은유나 비유도 실질적으로는 배제된 직설뿐이다. 따라서 중구난방에도 불구하고 곡해는 천편일률적인 지금까지의 해석을 일소하면 간단한 일은 아니지만, 이해는 더욱 용

이해진다.

　그러면 여기서 지금까지 이토록 철저하게 왜곡된 본서의 벽
찬 이해를 위하여 주제와 상·하권의 의미, 그리고 한자 및 한문
에 대한 나름대로의 견해를 적어본다. 이어서 본문 몇 군데를
선정하여 내가 파악한 의미와 기존의 해석을 비교해보도록 하
겠다.

　　　　　　　도덕경 백서본, 그 어느 무신론자의 독백

2.
주제는 무엇인가?

우리는 통상적으로 선善은 좋은 것이고 악惡은 싫은 것으로 알고 있다. 그리고 마땅히 선을 지향해야 한다는 명제가 당연한 의무와도 같이 우리에게 주어져 있다는 것도 알고 있다. 그러면 무엇이 착하고 좋은 것이고, 무엇이 싫고 피하고 싶은 것인가를 살펴볼 필요가 있다. 나열하면 세상 만물만큼이나 한이 없겠지만, 궁극적 차원에서는 반드시 생生과 사死로 귀결이 된다. 즉, 선한 것은 모두 지속 가능한 생존의 길로 귀결되고 악한 것은 모두 멸망의 길로 귀결이 된다. 생명의 본질은 생존에 있는 것이기 때문이다.

그래서 인간사회의 모든 종교 단체, 정치 단체, 또는 학자 등이 표방하는 궁극적 의미는 선의 최고 개념을 나름대로 설정하고 당위성을 주장하거나 이를 관철하는 것을 목표로 한다. 그래서 국가를 운영하는 주체는 의義라는 개념에 집권의 명분을 두고, 현실적 차원을 두고 하는 말이 되겠지만 각종 종교 단체는 인仁이라는 개념에 설립과 운영의 근거를 둔다고 볼 수 있다.

본 일서에서 최고의 선으로 설정하고 있는 주제는 덕德이다. 저자는 인류가 지속 가능한 생존의 길은 기존의 국가나 종교 단체 등이 표방하는 義나 仁에 있는 것이 아니라 德에 있다는 것이다. 즉, 인간들이 각자에게 주어진 생명을 도모하고 또한 이어가기 위하여 지속 가능한 최선의 정치 경제 사회 경영의 기본은 德에 있고 德에 의해서만 가능하다는 것이다. 그래서 흔히 말하는 道德이라는 단어는 덕의 길, 덕으로 가는 길 등으로 표현이 가능하며 德이 주어가 되고 道는 여기서 전치사 정도의 역할을 하는 것이다.

그러면 우선 덕을 어떻게 정의하는지 보도록 한다.

덕은 그 자체를 의식하지 않는 가운데 성립되는 것이지 그렇지 못하면 그것은 이미 덕이 아니다.
(上德不德是以有德 下德不失德是以无德)

덕은 무엇을 위하는 것도 없고 또한 그 어떤 목적도 없는 것이다.
(上德无爲而无以爲也)

도덕경 백서본, 그 어느 무신론자의 독백

上德으로 분류한 서두가 저자의 덕에 대한 단도직입적인 정의라고 할 수가 있다. 본편의 해석서 격인 후편에서 하늘, 즉 태양이 먼저 생겨나고 지구가 생겨났으며 이는 어떤 목적을 위해 생겨난 것이 아니라 저절로 생겨났고 그래서 이 하늘 이 땅은 만물을 아랑곳하지 않는다고 분명히 말한다.

　　그러나 세상 만물은 이 덕에 의지해서 살아간다. 이와 같이 덕이란 어떤 목적 없이 존재하는 자체로 주어지는 것이며 이것이 진정한 덕이고 세상의 진실도 여기에 있는 것이니 옥 같은 존재가 되려고 하지 말고 널린 돌자갈처럼 자연의 길을 따라 살아가라는 것이다. 그것이 우연히 주어진 인생에 최선이 길, 덕의 길을 따라 살아가는 것이다. 즉, 주어진 여건에서 스스로를 도모하는 것은 당연한 일이지만 그 무엇을 위한다고 나서지는 말라, 하늘과 땅이 존재하는 것만으로 우리에게 더없이 귀중한 덕을 주듯이 덕은 그런 상태라야 성립된다는 것이다.

　　不欲祿祿若玉 落落若石은 서미의 有德司芥 无德司徹과 같은 맥락의 말이고, 전후편을 일관하여 후렴처럼 하고 있는 長而弗宰也라는 말과도 의미가 동일하다. 이로서 본 일서가 주로 겨냥하는 대상은 위정자라는 것도 알 수가 있다.

　　도는 태어나는 생명 그 자체이고 덕에 의해 살아간다. 즉, 도에 의해서 만물이 형성되고 덕에 의해서 길러진다.
　　(道生之而德畜之 物刑之而器成之)

도와 덕은 양자가 공히 자연이다.

(夫莫之爵也而恒自然也)

참고로 여기서 지적하는 어느 한 구절 여사로 볼 곳이 없지만 다음 구절은 다시 한번 새겨볼 필요가 있고 그만큼 절절함이 있다.

그 누구도 이 세상에 어떤 의지나 목적을 가지고 태어난 것이 아니라 자연의 길을 따라 태어났고, 자연히 주어진 덕을 입어 자라나고, 장성하여 일정하게 주어진 일을 나름대로 이룩하고, 휴식기를 거쳐 이윽고 늙고 병들어 부양을 받다가 돌아간다. 이것이 그 누구를 막론하고 주어진 인생의 여정이다.

(道生之畜之 長之遂之 亭之毒之 養之復之)

그러니 살아가는 의미가 소유에 있는 것이 아니다. 위한다고 절간을 짓지 말고 장성해도 주재자는 되지 말라. 그것이 살아가라는 명을 받고 태어난 생명이 지향해야 할 최선의 길, 즉 현묘한 덕의 길이다.

(生而弗有也 爲而弗寺也 長而弗宰也 此之謂玄德)

여기서 道라는 말에 대한 의미를 정립해볼 필요가 있는데,

도덕경 백서본, 그 어느 무신론자의 독백

글자를 새겨보면 나아갈 바의 최선의 길이라는 뜻이고 道法自然이라고 분명하게 말하고 있지만 그 최선의 길은 자연이 가는 길이다. 자연은 말 그대로 스스로 그렇게 되는 것, 즉 그 누구의 어떤 가르침이나 스스로의 어떤 목적도 없이 어떻게든 되어지는 것을 말하고, 여기서 당연하게 따라붙는 것이 无爲라는 말이다.

그래서 흔히 본 일서를 무위자연사상이라 말하면서 당면한 현실을 떠난 하나의 관념론에 불과한 것으로 치부하기 십상이다. 그런데 과연 그렇게 현실을 도외시한 공염불일 뿐인가?

어떤 상황, 이떤 경우를 두고 自然이라 말하고 无爲라고 말하는가? 成功遂事而百省 胃我自然이라며 자연을 말하고 不言知敎 无爲之益이라며 무위를 말하는데, 자세한 것은 뒤에서 보겠지만 이를 미루어 굳이 말하면 결국 어떤 한계를 의미한다고 답할 수밖에 없다. 이 답으로 현실적인 경우는 거의 해결이 가능하다.

3.
상·하권의 의미는 무엇인가?

대부분 도道라는 말로 시작하고 주로 도를 위주로 이야기한다고 해서 도경, 덕德이라는 말로 시작하고 덕을 위주로 이야기한다고 해서 덕경으로 분류하고 당연히 이를 순서로 해서 이어진 하나의 문집으로 보고 있는데 가당치 않다. 대체로 이런 시각을 무심코 따른 결과 오리무중의 미궁 속을 헤매게 되었다고 볼 수가 있다.

진본인 백서본을 살펴보면, 덕경이라는 문집이 처음으로 쓰였고 일정한 세월이 흐른 후 도경이 쓰인 것이 분명하다. 질박한 전편의 문장에 비하여 운율도 조금 가미된 후편의 문장은 비교적 세련된 면이 느껴지는데, 사뭇 다른 말 같지만 리바이벌 형태로 쓰였다고 보아도 무방할 정도로 서두와 서미 그리고 각 요체에 대한 시각은 일치한다. 어떻게 보면 전편의 이해를 돕기 위해 후편이 쓰였다고 볼 수도 있다.

도덕경 백서본, 그 어느 무신론자의 독백

夫禮者忠信之泊也而亂之首也

前識者道之華也而愚之首也

道可道也非恒道也

名可名也非恒名也

　상·하편 서두에 각기 나오는 상기의 두 문장은 말은 사뭇 다르지만 정확히 동일한 의미를 피력하고 있다. 놀랍게도 소유와 지배의 수단에 불과한 主義 혹은 主長, 즉 정치 이데올로기에 신음하는 오늘날 인간 세상의 참상에 대한 예언으로 들린다. 선뜻 이해가 되지 않으면 前識者라는 말에 사회주의 창시자라는 칼 마르크스 정도를 대입해보고, 道可道也非恒道也가 무슨 주의나 주장과 정면으로 대치되는 말이라는 의미를 알면 해답 정도가 보일 것이다. 의미는 이런 정도의 말이다.

　예라는 것은 진실이 다했을 때 구상해내는 것으로 세상을 어지럽히는 우두머리고, 어떤 주의나 주장의 주창자는 최선의 길을 갈라내는 것으로 세상을 어리석게 하는 우두머리다.

　어떤 길을 최선이라고 주장할 수도 있지만 반드시 그 길만이 길이 아니고, 어떤 것을 이름할 수 있지만 반드시 그 이름만이 유일한 것은 아니다.

夫天道无親恒與善人

하늘은 어떤 미륵도 어떤 메시아도 점지하는 일 없이 언제나
선한 자와 함께할 뿐이다.

不辱以情天下將自正

욕되이 거스르지 않고 본성을 견지하면 세상은 장차 스스로
바르게 되리라.

이처럼 상·하편은 음색은 각기 다르지만 같은 말, 즉 그렇게
현실의 참담함을 일갈하면서도 그 어떤 묵시록적 예언도 없
이 희망의 메시지로서 끝을 맺고 있는데, 전편의 '천자를 세우
고 삼경을 배치한 후 사두마차를 몰아 선비를 끌어모으는 것은
이 자연의 도를 세상에 퍼지게 하는 것에 미치지를 못한다(立
天子置三卿 雖有共之璧以先四馬 不善坐而進此)'라는 다소 느슨한 체
제 비판과 후편의 '뜻도 없이 방글거리는 영아도 그 웃음을 잃
어버릴 참혹한 세상이 도래할 조짐을 엄연히 보면서도 나 어찌
담백하게 침묵만 하고 있을 수 있겠는가(我泊焉未兆 若嬰兒未咳)'
라는 현실에 대한 절박한 인식이 나타난다. 전편의 聖人이라는

도덕경 백서본, 그 어느 무신론자의 독백

표기에서 후편의 聲人이라는 표기도 성인군자라는 존재가 전설이 되었다는 의미로 읽혀지는데, 시대적으로 변화된 현실을 가늠해볼 수 있는 대목이라고 생각이 된다.

굳이 시대를 추측해보면 상편은 그래도 명분과 체면을 염두에 두고 각축을 벌이는 춘추시대, 후편은 오직 무력에만 의존하는 전국시대 정도로 상정해볼 수 있다. 그만큼 독립적이면서 시차도 무색하게 세상을 바라보는 시선에 일관성이 유지되는 것을 보면 실질의 불가변성을 새삼 느끼게 한다.

결론적으로 거듭하는 말이 되겠지만 상·하권은 각자 독립적으로 완성된 문집으로 보이도 무난하다. 즉, 둘 가운데 어느 것을 따로 취해서 보아도 저자가 전달하고자 하는 메시지가 완성되어 있는 것인데, 차이점을 든다면 상권이 독보적이라면 하권은 다소 보완적인 형태를 취하고 있다고 볼 수 있다.

4.
한자와 한문에 대하여

　표기문자는 그 특성상 변화무쌍한 세태를 따라 쉽게 바뀔 수가 있으므로 일정한 세월이 지난 기록은 브로커(broker)의 해석 없이는 이해 불가능한 문장으로 전락되기 십상이다. 하지만 표의문자인 한문은 상식만 견지한다면 수천 년이 지난 기록도 스스로 읽을 수 있는 문자다. 그래서 문자가 인류의 타락을 견인했지만, 혼미한 지경에 이른 오늘날에 와서는 한자라고 명명된 문자만이 안개 속에 묻힌 기억의 저편 인간 세상을 이야기해주고 있음에야 어쩌겠는가!

　한자는 뜻글자이고 뜻은 주관적 영역이라 다양하게 읽을 수도 있겠지만 순리를 따르면 의미하는 바는 대체로 드러난다. 그런데 여기에 저의가 작용되고 권위가 더불어지면 오리무중을 헤매게 된다. 흔히 한문을 공자 왈 맹자 왈이라는 문집으로 습득하게 되는 결과, 앞서도 확인해보았지만 이미 절대적 조사

　　　　　　　　　도덕경 백서본, 그 어느 무신론자의 독백

를 옹립해놓고 주관적인 생각만 고집하니 기록한 본래 의미는
사라지고 무소불위한 우상만 거듭나게 되는 것이다.

한문은 대체로 주어가 앞에 자리하고 어조사를 간간이 사이
에 둔 술어의 나열로 이루어진다. 뜻글자의 특성에 말미암아
한 글자 한 글자가 다양한 의미를 내포하고 있지만, 문장이란
한두 글자로 이루어진 것이 아니라서 문장 전체를 살펴서 보면
쓰인 글자가 무슨 의미를 표현하는지 어렵지 않게 도출해낼 수
가 있다.

无名萬物之始也 有名萬物之母也

만물이 태어나기 전에는 이름이 없었고 만물이 태어난 후에야
이름이 붙여지게 되었다.

無名天地之始 有名萬物之母

이름이 없는 것을 천지의 처음이라 하고, 이름이 있는 것을 만
물의 어미라 한다.

전자는 백서본을 내가 읽은 것이고, 후자는 왕본류를 세상이
한결같이 읽는 형태다. 두 문장을 그대로 읽는다면 우선 无名,
즉 '이름이 없다', 有名, 즉 '이름이 있다'라고 한다. 그리고 이어

서 부연 설명이 따라붙어서 만물이 태어나기 전과 만물이 태어난 후라는 이해 가능한 문장이 성립된다. 始는 시작 이전, 즉 세상 만물이 태어나기 전이며 母는 생겨난 이후를 말하고 있다는 것이 당연하게 보이고 또한 아주 상식적인 말을 하고 있는 것이다.

그런데 그 밝은 세상 눈에는 어떻게 해서 보이지 않는지 알수가 없다. 무엇보다 해석이라고 번역해놓은 저 말이 무슨 의미를 내포하고 있는 말인지, 무엇을 말해주고 있는지, 염화시중을 알아차린 가섭이라도 알 수가 있겠는가.

上士聞道菫能行之 中士聞道弱存弱亡

下士聞道大笑之 弗笑不足以爲道

是以建言有之曰

明道如費 進道如退 夷道如類 上德如浴

大白如辱 廣德如不足 建德如偸 質眞如渝

大方无禹 大器免成 大音希聲 天象无刑

道隱无名 夫唯道善始且善成

反也者道之動也 弱也者道之用也

상기에서 反也者는 下士가 한 줄기 도를 듣고 몸소 실천에 힘을 기울이지 않고 말만 앞세워 도는 이런 것이고 덕은 저런 것이라며 떠드는 明道如費 이하의 말을 지적하고, 弱也者는 大

方无禹 이하의 말을 지적한다는 것을 어렵지 않게 볼 수 있다. 이상으로 문장이 일단락되는 것도 당연하게 보이고, 그러면 무슨 말을 하고 있는지 그 내용도 저절로 드러나는데 기존에 이 대목을 어떻게 단락하고 어떻게 읽고 있는지 몸소 확인해보면 그 가관은 정말로 볼 만하다.

　여기서 反 자는 드러낸다는 의미고, 弱 자는 그 반대를 의미하고 있다.

　　出生入死
　　生之徒十 有三死之徒丨有二
　　而民生生動皆之死地之十有三
　　夫何故也 以其生生也

무릇 생명들이 태어나서 마치기까지 여정에 온전히 살아가는 길도 거듭해 있고 온전히 마치는 길도 거듭해 있다.
따라서 백성들도 태어나서 나름대로 살다가 땅으로 돌아가는 여정에 그 명을 온전히 따를 수 있는 길이 거듭해서 펼쳐져 있다.
생명은 그렇게 되기에 태어난 것이기 때문이다.

　　出生入死
　　生之徒十有三 死之徒十有三

人之生 動之死地 亦十有三
夫何故 以其生生之厚

살 곳으로 나가고 죽을 곳으로 들어갈 때에,
살 곳으로 가는 사람이 열에 세 사람이요,
죽을 곳으로 가는 사람이 열에 세 사람이 된다.
또 살려고 하다가 죽을 곳으로 가는 사람이
역시 열에 세 사람이 된다.
그것은 살려고 하는 마음이 너무 많기 때문이다.

전자는 백서본을 내가 읽은 것이고, 후자는 왕필본을 세상이 읽고 있는 것인데 여기서 주목해볼 것은 十 자와 三 자가 표현하고자 하는 의미다. 내가 볼 때 十 자는 완전한 것을 말하고 三 자는 거듭되는 것을 말하는 것으로 판단되고, 그러면 문장이 말하는 의미가 정연하게 드러난다. 쓰인 글자를 충실히 따라서 보면 말이 좀 번잡해지기 쉬운데 요소를 취하면 간단하다.

필멸의 생명들이 명을 다하고 마칠 수 있는 길은 그 여정에 거듭된다. 따라서 사람도 마찬가지다.
생명은 그런 명을 받아서 태어났기 때문이다.

'사람은 자기 먹을 것을 가지고 태어난다'라는, 우리가 들었던 옛말과 별로 다르지 않고, 아마도 축생의 살상도 금하는 불가의 계율도 이런 사유에서 기인한 것으로 보인다.

　　將欲拾之必古張之　將欲弱之必古强之
　　將欲去之必古與之　將欲奪之必古予之

　주어지는 것은 베푼 것이 있었기 때문이고, 약해지는 것은 강했기 때문이며, 이별하게 되는 것은 함께했기 때문이고, 잃게 되는 것은 받은 것이 있었기 때문이다.

　　將欲歙之必固張之　將欲弱之必固强之
　　將欲廢之必固興之　將欲奪之必固與之

　장차 접으려 하면 반드시 먼저 펴주어라.
　장차 약하게 하려 하면 반드시 먼저 강하게 해주어라.
　장차 폐하려 하면 반드시 먼저 흥하게 해주어라.
　장차 뺏으려 하면 반드시 먼저 주어라.

　이 문장도 전자는 백서본을 내가 읽은 것이고 후자는 왕본류를 세상이 하나같이 읽는 형태인데 세상은 이 대목을 그렇게 읽은 나머지 '수탈을 위한 재분배의 방략을 기만적으로 포장한 것에 불과하다. 그런데도 노자라는 일서가 모든 인간들에게 바람직한 삶의 기술을 통찰해낸 성인의 글로 착각하는 불쌍하고 착한 우리 이웃들에 대해 무한한 연민을 느끼며 동시에 지금까지 이어진 노자 연구자들의 기만적 행위에 한없는 분노를 느낀다'라는 소회를 천명하는 석학이 출현하는 지경에까지 이르렀다. 본 문장은 변질된 것은 차치하고라도 欲 자만 제대로 읽으면 무지막지한 오해가 대체로 해결이 된다.

欲 자를 오늘날에는 대체로 후대에 생성된 慾 자와 동일시하는데, 안일함의 표본을 보는 것이다. 전자는 몸 안에 산소가 부족하면 저절로 하품을 하듯이 인위적 욕망과는 무관하게 자연적으로 이루어지는 어떤 상태 또는 행위를 말하는 것으로 어디까지나 수동태적인 현상을 말한다. 후자는 의도하는 바의 인위적인 마음이 곁들여 있는 능동태적인 것을 표현하고 있다는 분별은 있어야 한다.

將欲取天下而爲之吾見其不得已

상기 문장도 모두가 '장차 세상을 취하고자 도모를 하지만 나는 그것이 불가함을 본다'라고 읽는데 어떤 임의의 존재가 세상, 즉 한 나라를 물려받든 추대받든 쟁취하든 그것은 불문하고 세상을 취하게 되면 대부분은 이를 어떻게 작위해보려고 하지만 그 의도하는 것이 불가할 뿐이라고 말을 하는 것이다. 欲 한 글자의 정립으로 그 의미하는 바의 요점은 사뭇 다른 이야기가 되는 것이다.

아무튼 함께하였기에 애달픈 이별이 있는 것이지, 만나지 않
았더라면 어떻게 그런 이별이 있겠는가!
(將欲去之必古與之)

그래서 일찍이 불가에서 이를 리바이벌해서 말했다.

죽음이 괴로우니 태어나지 말지니.
(莫生兮其死也苦)

이어서 몇 구절을 선정해서 백서본으로 내가 읽은 것과 왕본
류를 세상이 읽고 있는 것을 비교해보겠는데 기상천외한 사고
력은 어디서 나오는지 그저 놀라울 따름이다.

백서본과 나의 해석

天下之至柔 馳騁於天下之致堅
无有入於无間五 是以知无爲之益
不言之敎无爲之益 天下希能及之矣

세상은 지극히 부드러운 것인데 말을 달려 다다른 세상은 견고하기 그지없어 한 몸 들어갈 틈도 얻지를 못한다.
이것으로도 무위함의 이로움을 알 수가 있는데 세상은 이 말 없이 가르침을 주는 무위함의 이로움에 능히 이르는 것을 볼 수가 없다.

왕본과 그 해석

天下之至柔 馳騁天下之至堅
無有入無間 吾是以知無爲之有益
不言之敎 無爲之益 天下希及之

천하의 가장 부드러운 것이 천하의 가장 단단한 것을 향하여 달리고 형체가 없는 氣는 틈이 없는 곳까지 침투한다.
여기서 나는 무위가 유익하다는 것을 안다.
말하지 않는 가르침과 무위의 유익함에 도달하는 사람은 천하에 드물다.

이 대목은 氣의 작용을 두고 논하는 것이 아니다. 그리고 말하면 다 말이 되는가? 형체가 없는 기가 침투하는 것으로 어떻게 무위의 이로움을 안다는 말인가!

당연히 침략의 행위를 말하고, 그 행위가 결코 이로움을 주지 못한다는 지극히 명료한 의미의 말을 하고 있는 것이다.

知足으로 분류한 이 부분은 무력과 침략의 본질과 그 행위의 불가함을 직접적으로 말하고 있는데, 이어지는 名與身孰親 身與貨孰多도 '명성과 몸 가운데 어느 것을 더 가까이해야 하고 몸과 재화 가운데 어느 것을 더 소중히 여겨야 하는가?'라는 말이 아니다.

내 몸에 명성이 따르는 것은 누구나 바라고 재화가 내 몸에 더불어서는 것도 누구나 바란다는 말이다. 즉, 누구나 부귀영화를 바란다는 말인데 더 중요한 것은 이 말을 왜 하느냐는 것이다.

침략의 행위가 결국은 부귀영달의 도모에 있다는 것이고, 그것은 부질없고 불가한 행위일 뿐이라는 것을 중언부언 이어서 말하고 있다. 무력을 견제하고 그 행사가 불가한 일이라는 이런 기조는 전후편을 통틀어 일관하고 있으며 无爲라는 말의 진정한 의미도 이런 대목을 통해서 취할 수가 있는 것이다.

백서본과 나의 해석

治大邦若亨小鮮 以道立天下 亓鬼不神

非亓鬼不神也 亓神不傷人也 非亓申不傷人也
聖人亦弗傷也 夫兩不相傷 故德交歸焉

나라를 다스리는 것은 작은 생선을 익히듯 조심해야 하며, 이
런 도리가 세워진 세상에는 귀신이 신통력을 부리지 못한다.
그것은 귀신이 신통력이 없어서가 아니라, 신통력을 부릴 수
있는 상한 사람이 없기 때문이다.
상함이 없는 사람에게는 귀신이 신통력을 펼치지 못한다.
성인은 역시 상함이 없는 사람이다.
그래서 성인은 귀신을 부르지 않고, 귀신은 신통력을 드러내
지 않고, 그리하여 서로는 덕만을 끼치며 돌아가지 않겠는가!

왕본과 그 해석

治大國若烹小鮮 以道涖天下 其鬼不神 非其鬼不神 其神不傷人
非其神不傷人 聖人亦弗傷人 夫兩不相傷 故德交歸焉

큰 나라를 다스리는 것은 작은 생선을 익히는 것과 같다.
도가 천하에 이르면 귀가 신에 작용하지 못하고,
귀가 아닌 것들도 신에 작용하지 못한다.
신은 사람을 상하게 하지 못하고,

도덕경 백서본, 그 어느 무신론자의 독백

신이 아닌 것도 사람을 상하게 하지 못한다.

성인 역시 사람을 상하게 하지 않으니,

대저 양쪽이 서로 상하게 하지 않음이다.

고로 덕을 주고받는 관계로 돌아감이다.

나라를 다스리는 원칙 이야기로 시작해서 귀신 이야기로 마무리가 되는데, 오늘날 인간계의 운영을 반추해보면 그야말로 소위 말하는 천기누설 차원의 말을 하고 있다. 세상이 마냥 평화로워 상처를 입은 인생이 없으면 공갈과 협박을 일삼는 그어떤 종교도 자리할 수 없다는 이야기에 다름 아니다.

여기서 저자가 말하는 鬼는 오늘날에 소위 말하는 하나님이나 부처 혹은 옥황상제 정도의 신적 존재를 말한다. 神은 그 존재에 의하여 일구어지는 것으로 보이는, 자연계의 이치로는 설명이 불가한 어떤 현상 정도를 말하고 있다. 이것을 읽지 못하면 보는 바와 같이 분명히 본인도 알 수 없는 말을 해석이랍시고 횡설수설하게 된다.

아무튼 신적 존재에 대한 저자의 이해를 앞에서 언급한 루크레티우스의 이해와 견주어보면 무척이나 흥미롭다. 다음과 같은 그의 말을 들어보면 신에 대한 관념은 양자가 동일하다.

"신성은 그 자체로 지니고 있노라, 영원히 평화로운 고요함을.

필멸의 인간의 일에는 관여하지 않으시며 그 자체로 풍족하니
우리의 것은 아무것도 필요로 하지 않는도다."

백서본과 나의 해석

天地不仁以 萬物爲芻狗 聲人不仁 以百姓爲芻狗

天地之閒亓猶橐籥與 虛而不淈 蹱而兪出

多聞數窮 不若守於中

하늘과 땅은 어미의 손길처럼 만물을 보듬어주는 그런 인자로
운 것이 아니고 스스로 존재하는 것이기에 천지간의 만물에는
아랑곳하지 않고, 성인도 또한 그러하여 백성들을 그저 소 닭
보듯 할 뿐 아무런 상관을 하지 않는다.

천지지간 이 세상은 공허하여 다스려지지 않고 발걸음이 잦을
수록 흘릴 뿐인 물버지기(물자배기)와 같지 않은가!

그러니 무엇을 얻고자 여기저기 기웃거리며 주워들어도 들을
수록 궁함만 더할 뿐 스스로 실질의 가운데를 지키고 살아가
는 것보다 못한 것이다.

왕본과 그 해석

天地不仁 以萬物爲芻狗 聖人不仁 以百姓爲芻狗

天地之間其猶橐籥乎 虛而不屈 動而愈出

多言數窮 不如守中

천지는 인자하지 않다.

만물을 풀 강아지처럼 다룰 뿐이다.

성인은 인자하지 않다.

백성을 풀 강아지처럼 다룰 뿐이다.

하늘과 땅 사이는 꼭 풀무와도 같다.

속은 텅 비었는데 찌부러지지 아니하고

움직일수록 더욱더 내뿜는다.

말이 많으면 자주 궁해지네.

그 속에 지키느니만 같지 못하네.

天地不仁以萬物爲芻狗 聲人不仁以百姓爲芻狗

상기의 말은 앞에서도 여러 차례 언급이 있었지만 그만큼 의미하는 바는 심오하다. 전자는 우리가 몸담고 살아가는 자연계를 간파한 것이고, 후자는 인간계의 실정을 관조한 것으로 사유의 출발은 여기서부터고 德이라는 개념도 이런 관점에서 마치 어떤 서물과도 같이 등장한다고도 볼 수 있다.

여기서 하늘과 땅만큼 차별되는 한 儒者의 견해를 들어볼 필요가 있다고 생각된다.

> 천도는 지극히 건실하여 한 순간도 정지하는 일이 없으니 해와 달이 운행하고 추위와 더위가 변화함에 모든 생명체가 그로 말미암아 생육되고 성장한다. 성인도 이런 천도를 본받아 감히 편안할 겨를도 없이 힘써 공업을 발양하니 예악형정이 이에 따라 정비되고 전장법도가 이에 따라 세워진다.
>
> (天道至建一息不停 日月運行寒暑以變 而草木禽獸含生蠢動之屬 以生以育以長以成 聖人法天舊庸熙載 至于倦勤罔敢皇寧 禮樂刑政以之修擧 典章法度以之建明)
>
> ── 茶山 易學緒言

본 일서에서 天下라는 말은 상·하편을 불문하고 수시로 나오고, 天地라는 말은 하편에 몇 차례 나오는데 그 의미하는 바를 정립해볼 필요가 있다. 전자는 물론 하늘 아래 이 세상을 말하고 있지만 대체로 생존에 자연히 요구되는 한계 내의 국지적 영역을 의미하고, 후자는 대체로 천지지간의 준말로 소위 말하는 범세계를 의미하고 있다는 것을 반드시 인지해야 하며 이것은 의외로 중요하여, 저자가 수시로 말하는 天下가 기본적으로는 얼마나 소박한 의미를 내포하고 있는지를 느낄 수가 있다.

도덕경 백서본, 그 어느 무신론자의 독백

橐籥에서 橐은 無底囊, 즉 싸맬 수 있는 장치가 없는 주머니를 말하고 도기 정도를 의미하는 籥 자와 더불어서 지난날에 아낙들이 우물에서 물을 길어 머리에 이고 날랐던, 주둥이가 몸체보다 넓은 물버지기(자배기) 같은 형태의 질그릇을 말한다는 것은 어렵지 않게 도출할 수가 있다. 그런데 이것을 절구니, 대장간에서 불을 일으키는 데 쓰는 풀무니 하면서 중구난방 중 언부언 황당한 설명을 하고 있다.

多聞과 多言은 정반대의 경우를 말하는데, 그렇게 결정적인 글자를 변조해서 의심 없이 따른 나머지 스승은 사이비 교주가 되고 문하는 신자가 되어 보고도 읽지 못하는 단단봉사와 다름없는 오늘날의 지식 체계가 구축된 것으로 보아도 무방할 것이다.

백서본과 나의 해석

浴神不死 是胃玄牝
玄牝之門 是胃天地之根
綿綿呵其若存 用之不堇

정녕 고갈되지 않는 신령스런 물이 있다.
이것을 새겨보면 현묘한 암컷이라 할 수 있고,

이 현묘한 암컷이 말미암은 것을 새겨보면

천지지간 만물이 생겨난 뿌리라 할 수 있다.

면면히 이어져왔어라!

아무리 써도 다함이 없다.

왕본과 그 해석

谷神不死 是謂玄牝

玄牝之門 是謂天地之根

綿綿若存 用之不勤

계곡의 하느님은 죽지 않는다.

이를 일컬어 가물한 암컷이라 한다.

가물한 암컷의 아랫문, 이를 일컬어 천지의 뿌리라 한다.

이어지고 또 이어지니 있는 것 같네.

아무리 써도 마르지 않는도다.

생명의 원천인 물을 말하고 있는 것이다. 그리고 이어서도
幾於道矣, 즉 물이 거의 道 자체와도 같다는 말을 하고 있으며
이는 물이 자연계 만물의 원천이라는 말과 같은 뜻이다.

도덕경 백서본, 그 어느 무신론자의 독백

여기서 우선 유념할 것은 浴 자이고 이것은 어디까지나 물을 말하고 있다는 것이고, 본문에 수시로 등장하는 胃 자도 먹은 음식물을 위에서 새겨야 피가 되고 살이 되듯이 곰곰이 새겨본다는 의미의 말이라는 것을 새삼 느껴야 한다.

그리고 天地之根은 하늘과 땅이 생겨나게 된 뿌리라는 말이 아니고 천지지간에 있는 만물을 말하고 그중에도 생물체를 말하고 있다는 정도는 상식으로도 능히 알 수가 있다.

이를 관가하고 간단하게 변조된 谷 자를 따라 평소의 소신대로 읽으면 계곡에 숨어 있던 하느님이 벌떡 일어나고, 이 장의 명료한 주제가 페미니즘이니 어쩌니 하면서, 가문한 암컷의 아랫문 그 여성의 성기 어쩌고 하면서, 온갖 가당치도 않는 헛소리를 지껄이는 희대의 석학도 탄생되는 것이다.

백서본과 나의 해석

大上下知有之 其次親譽之 其次畏之 其下母之
信不足案有不信 猷呵 其貴言也
成功遂事而百省 胃我自然

최상은 서로 모르고 살아가는 것이고 그다음은 서로 친하게 살아가는 것이고 그다음은 서로 조심하며 살아가는 것이고 최

하는 서로 무시하며 살아가는 것인데 참됨이 부족한 끝에 참
되지 못한 것만 남게 되었다.

탄식할 일이어라!

물고기가 물을 잊고 살아가듯 서로는 서로를 잊고 살아가던
고귀한 모습들이여.

서로에 대한 불신만이 가득한 나머지 온 힘을 기울어 쌓아
놓은 곳곳의 수많은 성곽들도 새겨보면 모두가 자연의 산물
이다.

왕본과 그 해석

太上下知有之 其次而親譽之 其次畏之 其次侮之
信不足焉有不信焉 悠兮其貴言
功成事遂百姓 胃我自然

가장 좋은 다스림은 밑에 있는 사람들이 다스리는 자가 있다
는 것만 알 뿐이다.

그다음은 백성들을 친하게 하고 사랑하는 것이다.

그다음은 백성들을 두려워하게 만드는 것이다.

그다음은 백성들에게 모멸감을 주는 것이다.

믿음이 부족한 곳엔 반드시 불신이 있게 마련이다.

그윽하도다!

그 한마디를 귀하게 여기는 모습이여.

공이 이루어지고 일이 다 되어도 백성들은 모두 한결같이 일컬어 나 스스로 그러할 뿐이라 하는도다!

상기의 대목은 상편의 小邦寡民으로 시작해서 民至老死不相往來로 일단락되는 대목과 일맥상통하는 내용인데, 질박함과 구체적 표현은 너무나 대조적이다. 사뭇 수채화 같은 그림과 정물화 같은 그림을 대한다는 느낌을 지울 수가 없다. 인간들이 살아가는 이상향의 전제 조건은 명백하게 일치하는데 담담하게 이상향을 그리고 있는 것과, 탄식을 하면서 당면하고 있는 현실을 적나라하게 그리고 있다는 차이가 있다.

百省이라는 표현이 상편에도 한번 나오는데 거기서는 사람들이 둥지를 틀고 살아가는 곳곳, 즉 지역을 의미한다. 그리고 여기서는 앞의 成功遂事而라고 하는 말을 이어받아 외부의 적을 살피고 견제하기 위해 곳곳에 쌓아놓은 古城을 말한다. 여기서 우리는 自然이라는 말이 의미하는 바를 새삼 깨우쳐볼 수가 있을 것이다.

백서본과 나의 해석

絶學无憂

唯與訶其相去幾何 美與惡其相去何若

人之所畏亦不可以不畏人 望呵其未央才

鬻人熙熙 若鄉於大牢而春登臺

我泊焉 未兆若嬰兒未咳

배우지 않으면 근심이 없다.

아는 것과 모르는 것의 차이가 얼마나 될 것이며, 아름다움과 추함의 차이 또한 얼마나 될 것인가.

인간이 살아가는 곳은 두려운 곳이고, 인간들 또한 두려운 존재가 아닐 수 없다.

닥쳐올 그 재앙의 싹을 봄이어라!

얽힌 사람들 희희낙락 봄날 누각에 올라 성찬을 즐기듯 기고만장인데, 나 어찌 담백하게만 있을 수가 있겠는가!

영아도 그 웃음을 짓지 못할 정도로 참혹한 현실이 닥쳐올 조짐을 보면서.

왕본과 그 해석

絶學無憂

唯之與訶相去幾何 善之與惡相去若何

人之所畏不可不畏 荒兮其未央哉

衆人熙熙 如享太牢 如春登臺

我獨泊兮 其未兆 如嬰兒之未咳

배움을 끊어라, 근심이 없을지니.

네와 아니오가 서로 다른 것이 얼마뇨?

좋음과 싫음이 서로 다른 것이 얼마뇨?

사람들이 두려워하는 것을 나 또한 두려워하지 않을 수 없으리.

황량하도다!

텅 빈 곳에 아무것도 드러나지 않네.

뭇 사람들 희희낙락하여 큰 소를 잡아 큰 잔치를 벌이는 것 같고, 화사한 봄날에 누각에 오르는 것 같네.

나 홀로 담박하도다!

그 아무것도 드러나지 아니함이 웃음 아직 터지지 않는 갓난아기 같네.

이 정도면 그저 識字憂患이라는 말밖에 떠오르지 않는다. 絶學无憂라는 말은 반어법이나 역설적인 말이 아니다.

지난 인간들의 역사를 돌아보면 대부분이 갓난아기 웃음 터지기만 기다릴 때 이 우려는 그대로 현실이 되었고 그 참상은 세월을 주름잡으며 더욱 처절하게 오늘날까지 이르고 있다. 그래도 인간 세상은 그 한가한 눈길을 거두지 못하고 여전히 갓난아이 웃음 터지기만 기다리고 있는 것이다.

人之所畏亦不可以不畏人
人之所畏不可不畏

상기의 두 문장을 이렇게 대조해보면 교묘한 변조의 사례가 확연히 드러나고 이에 따른 해석도 천지 차이가 되는데 그만큼 정연한 본래 의미는 오리무중에 빠지게 된다.

백서본과 나의 해석

希言自然 飄風不終朝 暴雨不終日 孰爲此天地而不能久有 兄於人乎 故 從事而 道者同於道 德者同於德 失者同於失 同於德者道亦德之 同於失者道亦失之

소리 없이 말을 해주는 자연의 현상이 있으니, 표풍은 아침나절이 다하도록 마냥 몰아치지 못하고, 폭우도 하루가 다하도록 마냥 쏟아지지 못한다.

이 천지간에는 이처럼 그 무엇이나 유구하게 머물지 못하거늘, 하물며 사람에게 있어서야 더 말할 것이 무엇이 있겠는가! 그러므로 그 누구도 이처럼 잠시 머물다 갈 길을 따를 뿐이어서, 도를 취한 자는 그 도로써 이 길을 가고, 덕이 있는 자는 그 덕으로써 이 길을 가며, 길을 잃은 자는 잃은 그대로 이 길을 간다.

즉 다시 말하면, 덕을 따르는 자 덕의 길 그대로 역시 이 길을 가고, 길을 잃은 자 잃은 그대로 역시 이 길을 갈 뿐이다.

왕본과 그 해석

希言自然 故飄風不終朝 驟雨不終日 孰爲此者 天地 天地尙不能久 而況於人乎 故從事於道者 道者同於德 德者同於德 失者同於失 同於道者道亦樂得之 同於德者德亦樂得之 同於失者失亦樂得之 信不足焉 有不信焉

말이 없는 것이야말로 스스로 그러한 것이다.

그러므로 회오리바람은 아침을 마칠 수 없고, 소나기는 하루를 마칠 수 없다.

누가 이렇게 만들고 있는가?

하늘과 땅이다!

하늘과 땅도 이렇게 오래 갈 수 없거늘 하물며 사람에서랴!

그러므로 도를 따라 섬기는 자는 알아야 할 것이다.

도를 구하는 자는 도와 같아지고, 얻음을 구하는 자는 얻음과 같아지고, 잃음을 구하는 자는 잃음과 같아진다.

도와 같아지는 자는 도 또한 그를 즐거이 얻으리.

얻음과 같아지는 자는 얻음 또한 그를 즐거이 얻으리.

잃음과 같아지는 자는 잃음 또한 그를 즐거이 얻으리.

믿음이 부족한 곳에는 반드시 불신이 있게 마련이니.

통용본이 무지막지하게 변조된 것을 확인하게 해주는 표본이고, 이에 따라 해석해놓은 세상의 모든 해설도 그야말로 목불인견에 다름 아니다. 분명히 이렇게 번역한 고매한 석학 스스로도 자신이 풀이한 말을 이해하지 못하고 있을 것이며, 더 중대한 문제는 정연한 백서본이 발견된 후에도 이런 명백한 오류를 답습하고 있다는 것이다.

이 대목에서 우선 希라는 글자에 주목해야 될 것 같다. 앞에서 聽之而弗聞名之曰希라고 했는데 이를 지금까지 '들어도 들리지 않는 것을 希라고 한다'라고 해석을 하지만 이는 명백히

반대로 잘못 읽고 있는 것이다. '들리지 않는 것을 듣는 것을 希라고 한다'라는 말이다. 들리지 않는 것을 어떻게 들을 수 있느냐고 따지면 설명이 궁하고, 그래서 따지기는 불가 하다고 덧붙이지만 우리가 일상적으로 希望이라고 말하면 보이지 않는 것을 바라본다는 의미는 알 수 있다. 그래서 希를 하면 들리지 않는 어떤 말을 듣는다는 의미가 어렵지 않게 도출이 되고, 그래서 希言自然은 소리 없이 들려주는 자연의 목소리가 있다는 정도의 해석이 가능한 것이다.

　　孰爲此天地而不能久有

　여기서는 우선 孰자의 의미가 '누구냐'가 아니고 '누구나'라는 것을 주로 말하고, 더 나아가서는 때에 따라서 '그 무엇이나'라는 것도 말하고 있다는 것을 알아야 한다. 다시 말하면 요즘 세상에 누구나 배우는 영어로 말한다면 who가 아니라 everybody, 더 나아가 everything을 말한다는 것을 알아야 하고 여기서는 가장 후자를 상정하고 있다는 것도 알아야 한다. 그 이유는 天地라는 무한계를 말하고 있기 때문이다.

　그리고 이어지는 故從事而는 見於人乎라는 앞 문장에서 지목하고 있는 사람에 한정하여 '그래서 그 누구나 이에 따를 뿐이어서'라는 말이 된다. 그리고 이어지는 문장에서 다섯 번이나 나오는 同자는 모두 이 말이 지시하는 것을 동일하게 의미하고 있다는 것을 인지하면 수다스럽고 난해해 보이는 문장의 이해도 쉽게 해결이 될 것이다.

이처럼 한문은 구성 원리를 따르면 의미하는 것이 먼저 보인다. 그런데 번역을 해서 표현하는 것은 간단치가 않아서, 자칫하면 보는 바와 같이 희대의 코미디 같은 말을 남발하게 되는 것이다.

본 구절은 줄여서 간단히 말하면, '인간은 잘난 놈이나 못난 놈이나 모두는 한 줄기 스쳐가는 바람처럼 이 세상을 잠시 머물다 사라지는 필멸의 존재일 뿐이다'라는 말에 다름이 아니다.

종합

이상 두서없이 본 일서의 대강과 그리고 지금까지 세상이 한결같이 읽고 있는 형태를 비교해서 일부를 살펴보았다. 이것으로도 차별을 읽기에는 충분할 것으로 생각되고, 물론 그 시비의 판단은 각자의 몫이 되겠지만 무딘 필력에도 불구하고 손을 놓지 못하고 여기까지 오게 된 까닭도 너무나 엄연하게 보이는 그 차별 때문이다.

도덕경이 불과 오천여 자에 불과하다지만 본편이 삼천여 글자이고 이를 세련되게 리바이벌한 후편이 이천여 글자인데 어디까지나 각자 독립적인 것이다. 또 이것도 중언부언 노인 잔

소리처럼 들리는 곳이 많다. 세상의 진실은 그만큼 복잡하지 않은 것이다.

우리의 체계적 언어도 한자라는 문자에서 유래했고 한글도 한자라는 문자의 발음 통일과 그 음의 표기를 위한 목적으로 창안된 것이다. 그래서 한자라고 부르는 문자는 외래 글이 아니라 우리가 처음부터 사용했던 우리의 문자다. 사실 중국은 한자를 버렸다고 해도 과언이 아니다. 지금 그들이 쓰고 있는 간자체는 유사성만 있는 별개의 문자로 보아도 무방하며 이는 장차 유구한 역사와의 단절을 의미한다. 불과 수세기 전의 세익스피어 원문을 현데 일반인들은 읽을 수가 없다. 지금 중국이 쓰고 있는 간자는 표의문자의 고유성을 상실했기 때문에 동일한 결과를 초래하게 될 뿐이다.

상형문자로 발현된 한자는 세월을 따라 요구되는 다양한 표현을 도모하기 위해 이를 조합하면서 표의문자화가 되었지만 어디까지 사물의 형상을 기본으로 하여 순리를 따라 고안된 글자가 어느 정도 보편화되면 산천초목이 유구하듯 그 의미하는 바는 세월이 가도 쉽게 변하지 않는다. 그래서 이천 년이 넘는 세월 뒤에 드러난 원문이 나처럼 일반적 안목에 불과한 눈에도 보이는 것이다.

우리는 탁월한 표음문자 덕에 오늘날에 와서 한자가 생소하게 느껴지는 것도 사실이지만 본문에 쓰이고 있는 글자는 비교적 간단하고 기본적인 글자가 많고 대체로 생소하거나 특이한

자는 드문 편이다. 그래서 이해가 부족한 글자는 옥편을 참조하면 생각 외로 대체로 해결이 될 것이며 그만한 수고는 필요한 것이다.

거듭 말하지만 본문은 대화체고 문자의 발음도 새겨보면 모두 우리가 하는 말에 어원을 두고 있다. 그래서 우리는 문장을 새겨서 읽으면 읽는 음정 그대로 대체는 통할 수가 있는 것이다.

고백하는 말이지만, 이런 것을 처음부터 끝까지 어줍잖은 언변으로 해석을 해서 세상에 보이겠다고 무딘 연필을 끄적이며 너무나 오랜 세월을 보냈고 그것이 불가한 일이라는 것을 깨닫기까지도 너무 오랜 시간을 허비했다. 처음부터 끝까지 일목요연하게 읽히고 제삼자에게 들출 수 있는 성질의 문집이 아니라는 말이고, 제시한 구절만으로도 본 일서가 말하는 요체를 스스로 찾을 실마리는 충분하다고 생각된다.

본문의 구성은 마왕퇴한묘 백서 整理 小組가 해독한 것을 그대로 채록한 것이라며 『백서 도덕경 노자를 읽는다』의 저자가 동일 저서 말미에 발표한 것을 底本으로 하고 갑본의 유실 부분을 을본을 참조하여 대체로 복원한 것이다. 이를 그대로 수용한 까닭은 정리 소조가 발표한 원문을 입수할 만한 주변머리가 없고, 또한 채록의 과정에 오류가 발생할 가능성도 희박할 것이며, 특히 이렇게 구성된 문장으로 보았을 때 기존의 통행본으로 읽기 힘들거나 모순되는 부분이 해소가 되는 놀라운 현상도 있었기 때문이다.

아무튼 이를 원본으로 하여 내용의 전체적 맥락을 관조하는 데 방해만 되는 기존의 81장을 본편 13장, 후편 11장으로 대체적으로 주된 내용을 따라 소제목을 붙여서 분류했다. 앞에 임의로 붙인 소제목은 그 부분의 주된 내용을 응축한, 말하자면 개요의 의미로 볼 수 있지만 말은 하다 보면 중언부언이 되기 일쑤고 단일 주제를 따라 정연하게 일관하지 않는 것은 질박한 대화체의 특성 정도로 이해를 해본다. 그래서 문집의 본래 형태는 그대로 이어진 것을 편리에 따라 임의로 약간 분리했다고 보면 될 것이다.

道德經

제4부

백서본 본편

제1장.
上德

上德不德 是以有德 下德不失德 是以无德 上德无爲而无以爲
也 上仁爲之而无以爲也 上義爲之而有以爲也 上禮爲之而莫之
應也則攘臂而乃之 故 失道而后德 失德而后仁 失仁而后義 失
義而后禮 夫禮者忠信之泊也而亂之首也 前識者道之華也而憂
之首也 是以大丈夫 居亓厚而不居亓泊 居亓實而不居亓華 故
去皮取此

昔之得一者 天得一以淸 地得一以寧 神得一以靁 浴得一以盈
侯王得一以爲天下正 亓至之也 胃天毋已淸將恐蓮 胃地毋已寧
將恐發 胃神毋已靁將恐歇 胃浴毋已盈將恐渴 胃侯王毋已貴以
高將恐蹶 故 必貴而以賤爲本 必高矣而以下爲基 夫 是以侯王
自胃孤寡不穀 此亓賤爲本與 非也 故 至數與无與 是故 不欲祿
祿若玉而硌硌若石

도덕경 백서본, 그 어느 무신론자의 독백

제2장.
學父

上士聞道董能行之 中士聞道若存若亡 下士聞道大笑之 不笑
不足以爲道是以建言有之曰 明道如費 進道如退 夷道如類 上德
如浴 大白如辱 廣德如不足 建德如媮 質眞如渝 大方无禺 大器
免成 大音希聲 天象无刑 道隱无名 夫唯道善始且善成 反也者
道之動也 弱也者道之用也

天下之物生於有 有生於无 道生一 一生二 二生三 三生萬物
萬物負陰而抱陽 沖氣以爲和 天下之所惡 唯孤寡不穀而王公以
自名也 勿或損之而益 或益之而損 故 人之所教昔議而教人 故
强良者不得死 我將以爲學父

제3장.
知足

天下之至柔 馳騁於天下之致堅 无有入於无閒五

是以知无爲之益 不言之敎无爲之益 天下希能及之矣

名與身孰親 身與貨孰多 得與亡孰病 甚愛必大費

多藏必厚亡 故 知足不辱 知止不殆 可以長久

大成若缺亓用不敝 大成若盅亓用不窘 大直如詘

大巧如拙 大贏如炳 趮勝寒 靘勝炅 請靘可以爲天下正

天下有道却走馬以糞 天下无道戎馬生於郊

罪莫大於可欲 禍莫大於不知足 咎莫憯於欲得

故 知足之足恒足矣

도덕경 백서본, 그 어느 무신론자의 독백

제4장.
不出

亓出於戶以知天下 不規於牖以知天道 亓出也彌遠
亓知也彌尟 是以聖人 弗行而知 弗見而名 弗爲而成

爲學者日益 聞道者日云 云之有云以至於无爲
无爲則无不爲 將欲取天下恒无事 及亓有事也
有不足以取天下矣

聖人恒无心 以百省之心爲心
善者善之 不善者亦善之 德善也
信者信之 不信者亦信之 德信也
聖人之在天下翕翕 焉爲天下渾心
百姓皆屬耳目焉 聖人皆咳之

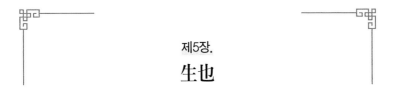

제5장.
生也

出生入死 生之徒十有三 死之徒十有三 而民生 生動皆之死地
之十有三 夫何故也 以亓生 生也 蓋聞善執生者 陵行不辟矢虎
入軍不被甲兵 矢无所楄亓角 虎无所昔亓蚤 兵无所容亓刃也 夫
何故也 以亓无死地焉

道生之而德畜之 物刑之而器成之 是以 萬物尊道而貴德 道之
尊也德之貴也 夫 莫之爵也而恒自然也 道生之畜之 長之遂之
亭之毒之 養之覆之 生而弗有也 爲而弗寺也 長而弗帝也 此之
謂玄德

天下有始以爲天下母 既得亓母以知亓子 復守亓母 沒身不殆
塞亓兌 閉亓門 終身不菫 啓亓兌 濟亓事 終身不救 見小曰明 守
柔曰强 用亓光復歸亓明 毋道身央 是胃襲常

도덕경 백서본, 그 어느 무신론자의 독백

제6장.
玄同

使我介有知也 行於大道 唯施是畏也 大道甚夷 民甚好解朝甚
除 田甚荒 倉甚虛 服文采 帶利劍 厭食而齎 財貨有餘 是胃盜杅
盜杅非道也

善建者不拔 善抱者不脫 子孫以祭祀不絶 脩之身亓德乃眞 脩
之家亓德有餘 脩之鄕亓德乃長 脩之邦亓德乃豐 脩之天下亓德
乃溥 以身觀身 以家觀家 以鄕觀鄕 以邦觀邦 以天下觀天下 吾
何以知 天下之然茲以此

含德之厚者比於赤子 蜂蠆蝎蛇弗螫 攫鳥猛獸弗搏 骨弱筋柔
而握固 未知牝牡之會而脧怒 精之至也 終日號而不嚘 和之至也
和曰常 知和曰明 益生曰祥 心使氣曰强 物壯卽老 胃之不道 不
道蚤已

知者弗言 言者弗知 塞亓悶 閉亓門 和亓光 同亓塵 坐亓閱而
解亓紛 是胃玄同 故 不可得而親 亦不可得而疏 不可得而利 亦
不可得而害 不可得而貴 亦不可得而淺 故 爲天下貴

도덕경 백서본, 그 어느 무신론자의 독백

제7장.
正邦

以止之邦 以畸用兵 以无事取天下 吾何以知亓然也哉 夫 天
下多忌諱而民彌貧 民多利器而邦家玆昏 人多知而何物玆起 法
物玆章而盜賊多有 是以聖人之言曰 我无爲也而民自化 我好靜
而民自正 我无事而民自富 我欲不欲而民自樸

亓正閔閔 亓民屯屯 亓正察察 亓邦夬夬 禍福之所倚 福禍之
所伏 孰知亓極 亓无正也 正復爲奇 善復爲祅 人之昏也 亓日固
久矣 是以 方而不割 兼而不刺 直而不絏 光而不眺

治人事天莫若嗇 夫唯嗇 是以蚤服 蚤服是胃重積德 重積德則
无不克 无不克則莫知亓極 莫知亓極可以有國 有國之母可以長
久 是胃深根固氐 長生久視之道也

제8장.
治邦

治大邦若亨小鮮 以道立天下亓鬼不神

非亓鬼不神也 亓神不傷人也 非亓申不傷人也

聖人亦弗傷也 夫 兩不相傷 故 德交歸焉

大邦者下流也 天下之牝 天下之郊也 牝恒以靚勝牡 爲亓靚也

故宜爲下 大邦以下小邦 則取小邦 小邦以下大邦 則取於大邦

故 或下以取 或下而取 故 大邦者不過欲 兼畜人 小邦者不過欲

入事人 夫皆得亓欲 故 大者宜爲下

道者萬物之注也 善人之葆也 不善人之所葆也 美言可以市奠

行可以賀人 人之不善何棄之有 故 立天子置三卿 雖有共之璧以

先四馬 不善坐而進此 古之所以貴此者何也 不胃求以得有罪以

免與 故 爲天下貴

도덕경 백서본, 그 어느 무신론자의 독백

爲无爲 事无事 味无味 大小多少報怨以德 圖難乎於亓易也 爲大乎於亓細也 天下之難作於易 天下之大作於細 是以聖人終不爲大 故 能成亓大 夫 輕若者必寡信 多易必多難 是以聖人猶難之 故 終於无難

제9장.
大順

亓安也易持也 亓未兆也易謀也 亓胖也易判也 亓微也易散也
爲之乎亓未有 治之乎亓未亂 合褒之木生於毫末 九成之臺作於
羸土 百仁之高台於足下 爲者敗之也執者失之也 是以聖人 无爲
也故无敗也 无執也故无失也 民之從事也 恒於亓成事而敗之 故
愼終若始則无敗事矣 是以聖人 欲不欲而不貴難得之貨 學不學
而復衆人之所過 能輔萬物之自然而弗敢爲

故日 爲道者 非以明民也 將以愚之也 民之難治也 以亓知也
故 以知知邦 邦之賊也 以不知知邦 邦之德也 恒知此兩者亦稽
式也 恒知稽式此胃玄德 玄德深矣遠矣 與物反矣 乃至大順

江海所以能爲百浴王者 以亓善下之 是以能爲百浴王 是以聖
人之 欲上民也必以亓言下之 欲先民也必以亓身後之 故 居前而

도덕경 백서본, 그 어느 무신론자의 독백

民弗害也 居上而民弗重也 天下樂隼而弗猒也 非以亓无諍與 故
天下莫能與諍

제10장.
弗與

小邦寡民 使十百人之器毋用 使民重死而遠徙 有車周无所乘
之 有甲兵无所陳之 使民復結繩而用之 甘亓食 美亓服 樂亓俗
安亓居 隣邦相望鷄狗之聲相聞 民至老死不相往來

信言不美 美言不信 知者不博 博者不知 善者不多 多者不善
聖人无積 旣以爲人己兪有 旣以予人己兪多 故 天之道利而不害
人之道爲而弗諍

天下皆胃 我大不宵 夫唯大 故不宵 若宵細久矣 我恒有三葆
之 一曰玆 二曰檢 三曰不敢爲天下先 夫 玆故能勇 檢故能廣 不
敢爲天下先故能爲成事長 今 舍亓玆且勇 舍亓檢且廣 舍亓後且
先 則必死矣 夫 玆以單則勝 以守則固 天將建之 女以玆垣之

도덕경 백서본, 그 어느 무신론자의 독백

善爲士者不武 善戰者不怒 善勝敵者弗與 善用人者爲之下
是胃不諍之德 是胃用人 是胃天古之極也

제11장.
用兵

　用兵有言曰 吾不敢爲主而爲客 吾不進寸而芮尺 是胃行无行
襄无臂執无兵 乃无敵矣 禍莫大於无適 无適斤亡吾 吾葆矣 故
稱兵相若則哀者勝矣

　吾言甚易知也 甚易行也 而人莫之能知也 莫之能行也 言有君
事有宗 亓唯无知也 是以不我知也 知者希則我貴矣 是以聖人
被褐而懷玉

　知不知尙矣 不知不知病矣 是以聖人之不病
　以亓病病也 是以不病

　民之不威者 則大威將至矣 无閘亓所居 无猒亓所生 夫唯弗猒
是以不猒 是以聖人 自知而不自見也 自愛而不自貴也 故 去被

　　　　　　　도덕경 백서본, 그 어느 무신론자의 독백

取此

　勇於敢者則殺　勇於不敢者則活　此兩者或利或害　天之所惡孰
知亓　故　天之道　不單而善勝　不言而善應　不召而自來　彈而善謀
天罔圣圣疏而不失

　民恒畏不畏死　柰何以殺懼之也　若民恒是死則而爲者　吾將得
而殺之　夫孰敢矣　若民恒有必畏死則　恒有司殺者　夫代司殺者殺
是代大匠斲也　夫代大匠斲者則　希不傷亓手矣

제12장.
不祥

人之飢也 以亓取食踏之多也 是以飢 百姓之不治也 以亓上有
以爲也 是以不治 民之巠死也 以亓求生之厚也 是以巠死 夫唯
无以生爲者 是賢貴生

人之生也柔弱 亓死也恒仞賢强 萬物草木之生也柔胞 亓死也
枯槁 故曰 堅强者死之徒也 柔弱微細生之徒也 兵强則不勝 木
强則恒 强大居下 柔弱微細居上

天下之道 酉張弓者也 高者印之下者舉之 有餘者損之不足者
補之 故 天之道 損有餘而益不足 人之道 損不足而奉有餘 孰能
有餘而有不足奉於天者此 唯有道者乎 是以聖人 爲而弗有 成功
而弗居也 若此亓不欲見賢也

도덕경 백서본, 그 어느 무신론자의 독백

天下莫柔弱於水 而攻堅强者莫之能勝也 以亓无以易之也 水
之勝剛也 弱之勝强也 天下莫弗知也 而莫之能行也 故 聖人之
言云日 受邦之詬 是胃 社稷之主 受邦之不祥 是胃 天下之王 正
言若反

제13장.
終言

和大怨必有餘怨 焉可以爲善

是以聖人 右介而不以責於人

故 有德司芥 无德司徹

夫 天道无親 恒與善人

도덕경 백서본, 그 어느 무신론자의 독백

제5부

백서본 속편

제1장.
弗侍

道可道也非恒道也 名可名也非恒名也 无名萬物之始也 有名
萬物之母也 故 恒无欲也以觀其眇 恒有欲也以觀其噭 兩者同
出異名同 胃 玄之有玄衆眇之門

天下皆知美爲美惡已 皆知善訾不善矣 有无之相生也 難易之
相成也 長短之相刑也 高下之相盈也 意聲之相和也 先後之相隋
恒也 是以聲人 居无爲之事 行不言之教 萬物昔而弗始也 爲而
弗侍也 成功而弗居也 夫唯居 是以弗去

不上賢使民不諍 不貴難得之貨使民不爲盜 不見可欲使民不
亂 是以聲人之治也 虛亓心實亓腹 弱亓志强亓骨 恒使民无知无
欲也 使夫知不敢弗爲而已則无不治矣

도덕경 백서본, 그 어느 무신론자의 독백

道沖而用之有弗盈也 瀟呵 始萬物之宗 鋅其解其紛 和其光
同其塵 湛呵 始或存 吾不知其子也 象帝之先

天地不仁 以萬物爲芻狗 聲人不仁 以百姓爲芻狗 天地之閒
亓猶橐籥與 虛而不淈 踵而愈出 多聞數窮 不若守於中

浴神不死 是胃玄牝 玄牝之門 是胃天地之根
綿綿呵 其若存 用之不堇

天長地久 天地之所 以能長且久者 以其不自生也 故 能長生
是以聲人 芮其身而身先 外其身而身存 不以其无私與 故 能成
其私

上善治水 水善利萬物而有靜 居衆之所惡 故 幾於道矣 居善
地 心善瀟 予善信 正善治 事善能 踵善時 夫唯不諍 故 无尤

持而盈之不若其已　短而允之不可長葆之　金玉盈室莫之守也
貴富而驕自遺咎也　功述身芮天之道也

제3장.
弗帝

戴營柏抱一能毋離乎 榑氣至柔能嬰兒乎 脩除玄藍能毋疵乎
愛民栝邦能毋以知乎 天門啓闔能毋雌乎 明白四達能毋以知乎
生之畜之 生而不有 長而弗宰也 是胃玄德

三十楅同一轂 當其无有車之用也 然埴爲器 當其无有埴器之
用也 鑿戶牖 當其无有室之用也 故 有之以爲利 无之以爲用

五色使人目明 馳騁田臘使人心發狂 難得之貨使人之行方 五
味使人之口爽 五音使人之耳聾 是以聲人之治也 爲腹而不爲目
故 去罷耳此

龍辱若驚 貴大梡若身 苛胃龍辱若驚 龍之爲下 得之若驚失之
若驚 是胃龍辱若驚 何胃貴大梡若身 吾所以有大梡者爲 吾有身

도덕경 백서본, 그 어느 무신론자의 독백

也及吾无身有何梡 故 貴爲身於爲天下若 可以橐天下矣 愛以身
爲天下女 可以寄天下

제4장

不成

視之而弗見名之曰微 聽之而弗聞名之曰希 捪之而弗得名之
曰夷 三者不可至計 故 束而爲一 一者其上不攸 其下不忽 尋尋
呵 不可名也 復歸於无物 是胃无狀之狀无物之象 是胃忽塱 隋
而不見其後 迎而不見其首 執今之道 以御今之有 以知古始 是
胃道紀

古之善爲道者 微眇玄達 深不可志 夫唯不可志 故 强爲之容
曰 與呵 其若冬涉水 猶呵 其若畏四哭 嚴呵 其若客 渙呵 其若淩
澤 沌呵 其若樸 濁呵 其若濁 莊呵 其若浴 濁而靜之余淸 女以重
之余生 葆此道不欲盈 夫唯不欲盈 是以能敝而不成

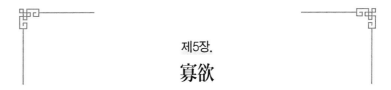

제5장.
寡欲

至虛極也 守情表也 萬物旁作 吾以觀其復也 夫物雲雲 各復歸於其根 曰情 情是胃復命 復命常也 知常明也 不知常慌 慌作凶 知常容 容乃公 公乃王 王乃天 天乃道 道乃常 沒身不以

大上下知有之 其次親譽之 其次畏之 其次母之 信不足案有不信 猷呵 其貴言也 成功遂事而百省 胃 我自然

故 大道廢案有仁義 知快出案有大僞 六親不和案有畜玆 邦家悶乳案有貞臣 絶聲棄知 民利百負 絶仁棄義 民復畜玆 絶巧棄利 盜賊无有 此三言也 以爲文未足 故 今之有所屬 見素抱璞 少私而寡欲

제6장.
食母

絶學无憂 唯與訶其相去幾何 美與惡其相去何若 人之所畏亦
不可以不畏人 望呵其未央才 鬻人熙熙 若鄕於大牢而春登臺 我
泊焉 未兆若嬰兒未咳 累呵如无所歸 鬻人皆有餘我獨遺 我禺人
之心也 惷惷呵 鬻人昭昭 我獨若閩呵 鬻人蔡蔡 我獨悶悶呵 忽
呵其若海 望呵其若无所止 衆人皆有以我獨門无以悝 吾欲獨異
於人而貴食母

孔德之容 唯道是從 道之物唯望唯忽 忽呵望呵 中有象呵 望
呵忽呵 中有物呵 幽呵鳴呵 中有請呵 其請甚眞 其中有信 自今
及古 其名不去 以順衆父 吾何以知衆父之然 以此

도덕경 백서본, 그 어느 무신론자의 독백

제7장.
自然

炊者不立 自視者不章 自見者不明 自伐者不功 自矜者不長
其在道曰 餘食贅行物或惡之 故 有欲者弗居

曲則全 枉則定 注則盈 敝則新 少則得 多則惑 是以聲人 執一
以爲天下牧 不自視故章 不自見故明 不自伐故有功 弗矜故能長
夫唯不爭 故 莫能與之爭 古之所胃曲則全者 幾語才誠全歸之

希言自然 飄風不終朝 暴雨不終日 孰爲此天地而不能久有 兄
於人乎 故 從事而 道者同於道 德者同於德 失者同於失 同於德
者道亦德之 同於失者道亦失之

有物昆成 先天地生 繡呵繆呵 獨立而不侅 可以爲天地母 吾
未知其名也 字之曰道 强爲之名曰大 大曰筮 筮曰遠 遠曰反 道

大 天大 地大 王亦大 國中有四大以王居一焉 人法地 地法天 天
法道 道法自然

　　　　　　　도덕경 백서본, 그 어느 무신론자의 독백

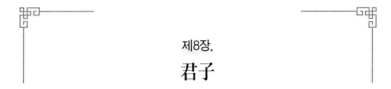

제8장.
君子

重爲巠根 淸爲趮君 是以君子 衆日行不離其甾重 唯有環官燕
處則昭若 若何 萬乘之王 而以身巠於天下 巠則失本 趮則失君

善行者无徹迹 善言者无瑕適 善數者不以檮策 善閉者无關籥
而不可啓也 善結者无繩約而不可解也 是以聲人 恒善求人而无
棄人 物无棄財 是胃申明 故 善人 善人之師 不善人 善人之齎也
不貴其師 不愛其齎 唯知乎大眯 是胃眇要

知其雄守其雌 爲天下鷄 爲天下鷄恒德不離 恒德不離復歸於
嬰兒 知其白守其辱 爲天下浴 爲天下浴恒德乃足 恒德乃足復歸
於樸 知其白守其黑 爲天下式 爲天下式恒德不貣 恒德不貣復歸
於无極 樸散則爲器 聲人用則爲官長 夫 大制无割

將欲取天下而爲之 吾見其弗得已 天下神器也非可爲者也 爲
者敗之執者失之 物 或行或隨 或炅或碎 或嘘或吹 或培或撝 是
以聲人 去甚 去大 去楮

以道佐人主 不以兵强於天下 其事好還 師之所居楚棘生之 善
者果而已矣母以取强焉 果而母驕 果而勿矜 果而勿伐 果而母得
已居 是胃果而不强 物壯而老 是胃之不道 不道蚤已

夫兵者不祥之器也 物或惡之 故有欲者弗居 君子居則貴左 用
兵則貴右 故兵者非君子之器也 兵者不祥之器也 不得已而用之
銛龐爲上勿美也 若美之是樂殺人也 夫樂殺人不可以得志於天
下矣 是以吉事上左 喪事上右 是以便將軍居左 上將軍居右 言
以喪禮居之也 殺人衆以悲依立之 戰勝以喪禮處之

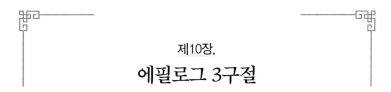

제10장

에필로그 3구절

1

道恒无名 樸唯小而 天下弗敢臣 侯王若能守之 萬物將自賓
天地相合以兪甘洛 民莫之令而自均焉 始制有名 名亦旣有 夫
亦將知止 知止所以不殆 俾道之在天下也 猷小浴之與江海也

知人者知也 自知者明也 勝人者有力也 自勝者强也 知足者富
也 强行者有志也 不失其所者久也 死不忘者壽也

2

道渢呵 其可左右也 成功遂事而弗名有也 萬物歸焉而弗爲主
則恒无欲也 可名於小 萬物歸焉而弗爲主 可名於大 是以聲人之

能成大也以其不爲大也 故 能成大 執大象天下往 往而不害安平
大 樂與餌過格止 故 道之出言也曰 談呵 其无味也 視之不足見
也 聽之不足聞也 用之不可旣也

3

將欲拾之必古張之 將欲弱之必古强之

將欲去之必古與之 將欲奪之必古予之 是胃微明

友弱勝强

漁不可說於淵

邦利器不可以視人

제11장.

終言

道恒无名 侯工若能守之 萬物將自爲

爲而欲作 吾將闐之以无名之樸

闐之以无名之樸 夫 將不辱 不辱以情 天下將自正

황금의 소비 시대와 그 이면

오늘날 한 인생이 세상에 나타나면 어떤 분야를 불문하고 보수
와 진보라는 잣대로 분석된다. 잘하면 그렇게 두 그룹으로 분
류되어 서로가 죽어가는 경제를 살리는 데 최선의 방책을 가지
고 있다는 시비판의 한 구석으로 자리가 주어진다.

그러면 먼저, 보수 혹은 보수주의는 현실에 만족을 느끼고
주어진 체제를 유지하는 데 최선의 가치를 두고 있다는 말에
다름이 아니다. 물론 수식은 구름처럼 더할 수도 있겠지만 현
실적 차원은 이 수준임에 틀림이 없다. 따라서 대체적으로 지
구촌 전체를 일관하고 있는 지금의 자본주의 체제가 바람직한
것인지를 살펴보아야 할 것 같다.

자본주의는 자본을 취하고 있는 계급이 사회의 경제를 주도

해나가는 것이 최선이라는 말이다. 나름의 정당성은 자본이 서로 무한 경쟁을 벌이는 가운데 열등한 것은 스스로 도태되면서 결과적으로 최선의 경제 상태를 이룩해간다는 논리다.

사실 일반 백성들이야 어떻게든 주어진 환경에 적응하여 살아가기 마련이므로 자본주의라는 체제에서 대두되는 문제에 대하여 자율이라는 그 자연법칙만이라도 견지했다면 어느 정도는 그럭저럭 지탱해갈 수가 있었을 것이다. 그런데 국가의 주체가 존립의 절대 마지노선인 이 결자해지라는 상식마저 팽개친 이후 세상은 고삐 풀린 망아지가 날뛰는 난장판의 논과 밭이 되었다.

오늘날 경제 운용을 절대적으로 관장하고 있는 화폐는 유통경제에 매우 편리한 기물이다. 만약 인간이 돈을 발명해내지 못했으면 나무꾼은 나무로, 농부는 농산물로 물물교환을 통해서 스스로의 경제를 해결할 수밖에 없었겠지만 화폐는 그 무거운 짐을 지고 다녀야 하는 수고로움을 덜어주기 때문이다. 단지 화폐는 그 자체로는 휴지보다 이용 가치가 없으므로 순전히 신용에 의해서 통용이 된다.

당연히 발행에 따르는 책임은 국가에 있어야 할 것이지만 간단히 자본에게 넘어갔고, 자본은 지상명제인 본연의 의무를 따라 이윤을 추구한 나머지 공수표를 남발했다. 당연히 부도가 났다. 그제서야 국가가 나서서 너무 많은 백성들이 연루되었다는 것을 명분으로 백성들이 납부할 세금을 담보로 자본에게 돈을 빌려 자본이 저지른 부도를 막아주는 기상천외한 상황까지 왔다.

오늘날 지구촌을 일관하는 글로벌 경제 체제하에서는 기축화폐가 요구되고 그 지위는 당연히 지구촌 패권국이 누리는 것까지는 이해를 해보자. 그런데 그 무소불위한 지위에 도취해서 탕진을 일삼다가 바닥이 드러나니 국회를 동원해서 유치한 자작극을 연출하여 아무런 근거도 없는 지폐를 무한정 찍어내고 이것을 신용하지 않으면 즉시 무력이 발동된다.

화폐는 물질을 담보로 하는 것이고, 물질은 시차로 인한 한계가 있다. 그래서 고안해낸 것이 반드시 도래할 미래의 시간이고, 그래서 물질의 담보가 없이 남발되는 화폐는 미래의 시간을 마음대로 차용하는 행위에 다름이 아니다. 그러면 후대는 이미 무한정 써버린 시간을 어디서 어떻게 구해서 살아갈수 있을까? 그래서 외계 문명의 존재가 확인되는 것 자체만으로 지구촌 인간사회가 공황 상태에 빠진다는 가설이 회자되는 것은 그만큼 질서 체계가 불합리하고 무도하다는 것을 스스로 알고 있다는 것이다.

그러면 인간사회의 구제는 오직 진보에 있는가! 진보 혹은 진보주의는 이처럼 모순에 빠져 있는 현 체제를 개선하고 혹은 개혁해서 소위 말하는 사회주의 실현을 목표로 하며 궁극에는 공산사회가 종착지가 될 것인데 실제로는 어떤 결과에 이르면 항상 보수 그룹과 동일한 양상만을 연출할 뿐이다. 어떻게 해

도덕경 백서본, 그 어느 무신론자의 독백

서 비교적 보다 양심적이고 보다 이성적으로 보이는 진보를 지향한 결과도 우리가 보는 것처럼 늘 허망할까?

상기했듯이 진보는 사회주의를 상정하고, 사회주의를 마르크스주의라고 하듯 마르크스가 교주다. 그 역시 유대인이면서 기독교로 통일된 세상을 보다 효율적으로 살아가기 위해 일찍이 개종한 그는 새로운 교시를 내면화하고 하늘에서 구름을 타고 이 땅에 재림하기를 학수고대하여 이천 년의 세월을 기다렸지만 결코 오지 않는 예수를 대신하여 스스로 이 땅에서 일어나는 작은 예수를 자칭하며 고뇌 어린 상념 끝에 창출한 것이 바로 모순에 치힌 자본주의에서 진일보한 사회주의라는 사상 체계다.

그러면 우선 기독교가 질투하는 유일무이의 신을 받든 결과 장악한 세상을 바라보는 기본 시각을 주목해볼 필요가 있는데, 초기에 창출되어 느닷없이 제국의 이데올로기로 채택된 것은 '직선적 목적사관'이다. 그리고 천 년의 세월 속에 세상을 둘러친 암흑의 장막이 낡아지면서 드러난 자연계의 실상을 따라 목적론적 세계관의 정반대 개념인 기계론적 세계관을 조합해서 무쌍하게 변신했다.

그래서 천 년 동안 예정된 길을 따르던 순례자적 삶이 졸지에 여지없이 산업 역군의 삶으로 대체되었다. 이에 따라 서구에서 교수, 철학자, 사상가 등등 그가 어떤 명함을 차고 있든 석학으로 인정을 받아 학계를 장악하고 있는 자들은 모두 이

직선적 발전사관의 전도사들이며 그중에 영특한 자는 세계통일제국까지 나름대로 구상해놓았고 또한 이것을 내면화하고 충실히 따르는 자만이 용납되는, 알고 보면 철통같은 시스템이 갖추어진 것이다. 마땅히 마르크스도 이처럼 어떤 여지도 없이 주어진 현실의 틀 안에서 지난 역사를 고찰했는데 그 결과로 나타난 사상적 요지는 대체로 이런 것이다.

"인간사회가 무지막지한 노예제에서 봉건질서 체제로, 일인이 자유를 누리는 봉건제에서 다수가 자유를 누리는 자본주의 체제로 발전해왔지만 이제 스스로 모순에 봉착하고 사회주의 체제로 나아가게 되어 있다. 그러나 자본가 부르주아들은 결코 기득권을 놓치지 않으려 한다. 그러니 만국의 노동자 프롤레타리아들이여, 단결하여 투쟁하자. 쟁취만이 사회주의로 발전할 수 있고 사회주의의 완성이야말로 비로소 인간이 동물적 존재에서 벗어나 인간다운 존재의 완성, 그 자유의 왕국에 이르는 비약의 길이다."

이제까지 하나님의 왕국만 있는 줄 알았는데 알고 보니 자유의 왕국도 있었던 것이다. 그런데 여기서 무산계급 투쟁의 현실적 목적도 유산계급이 독차지하고 있는 자본, 즉 물질이 분명하다. 그래서 자본주의를 고수하려는 보수도 사회주의를 이룩하려는 진보도 더욱 풍부한 물질을 전제로 하고, 그래서 물질 확보를 위한 성장의 효율 면에서 적수가 되지 못하는 진보가 항상 호기롭게 일어나는 순간 지리멸렬해지는 까닭도 알 수 있다. 물론 여기에 공평이라는 화두가 등장하지만 그 지엄한 권세는 어떻게 분배한다는 말인가?

좌우간 이제 분명한 것은 인류가 야만의 상태에서 문명 세계로 발전을 거듭한 끝에 맞이할 세상이 하나님의 왕국이든 자유의 왕국이든 우선은 더욱 풍요로운 물질이 요구된다는 것을 알았다. 그리고 그 해결은 경제성장, 즉 물질 생산의 증대뿐이다.

그래서 모두가 저마다의 왕국 입성을 위해 성장에 매진한 결과 물질은 넘쳐났다. 그러면 이제 결실의 계절에 이르렀고 왕국은 그저 걸어 들어가기만 하면 될 찰나에 돌아보니 풍요가 쌓여 그 마지막이 될 관문을 막고 있었고, 그러나 성장 모드로 맞춰진 경제 시스템은 기하급수적 성장이 보장되지 않으면 망가지게 되는 것을 새삼 발견했다. 이것은 물론 체제의 몰락을 의미하고 체제의 몰락은 목숨을 바쳐 이룩한 자본의 성역이 몰락하는 것을 의미한다.

명제는 태산고악처럼 분명하게 주어져 있다. 성장은 무조건 있어야 하니 거기에 따르는 잉여 생산물은 어떻게든 처리해야 한다. 정책적 연구 끝에 도출된 것이 '풍요의 폐기'다.

브라질의 1936~1937년 커피 수확량은 2,200만 자루에 전년도 이월분 500만 자루를 더한 것으로 추측된다. 국가 커피성

(省)은 30%의 할당량을 파괴하기로 결정하고 재배업자들에게
는 파괴한 커피 한 자루당 5밀레이스를 지급하고 있다.

대영제국은 면직업 전체가 최대의 이익을 얻는 데 필요하다
고 생각되는 분량을 제외한 나머지 남아도는 면사방추를 없
애기 위한 법안을 결의했다. 이에 따라 현재 사용 중인 방추
1,000만 개 중 약 4분의 1이 폐기처분될 것이다.

인간사회의 봉건질서가 허물어지면서 자본이 체제 질서를
대행하던 과도기적 시절에는 예기치 않게 불거지는 문제를 이
렇게 해결했지만 이것도 막장 드라마의 서막에 불과했다. 확신
하는 좌표도 없이 자리하던 자본주의가 그 유명한 변증법으로
증명해준 마르크스의 노고 덕분에 직선적 발전 단계의 위치 확
보와 함께 역사성까지 어부지리로 확립하고 보다 능동적으로
작동되면서부터는 기하급수적으로 성장하는 풍요를 과거방식
으로 폐기하는 데 한계가 있는 것이다. 그래서 더욱 효과적인
방식이 등장하는데, 그것은 가히 지구촌 전체를 무대로 무차별
폐기가 가능한 전쟁뿐이었다. 과연 실재했던 제1차, 제2차 세
계대전 이후 예상과 추호도 틀림없이 경기는 만사형통의 대호
황을 맞이했다. 이에 따라 긴가민가하면서 시도되던 체제에 대
한 개선책도 일거에 몰수되었다.
　　그러나 기하급수적 성장 모드에 유사 이래 대호황까지 겹치

니 그 넘쳐나는 풍요는 또다시 어떻게 할 것인가! 종전의 '수거에 의한 폐기', '전쟁에 의한 폐기'라는 수동적 아날로그 방식으로는 결코 수용할 수가 없게 된 나머지 도출된 것이 '스스로에 의한 폐기'다. 일상에서는 소비의 장려라는 형태로 구현이 되는데, 과히 자동적 최첨단 디지털 방식이라고 할 수 있다. 이제 인류는 이런 경로로 말미암아 성장에 매진하느라 황망하던 지난 어느 때 엉겁결에 황금의 소비 시대를 맞이하게 되었다.

이제는 소비야말로 문명의 징표이자 미덕이고, 이런 시대적 소명을 따르지 않으면 반동분자로 몰려 위리안치의 처지를 면할 수 없다. 당연히 우리는 어느덧 보편화된 교시를 따라 열심히 일하고 열심히 소비했다. 이제 상품은 보다 빠르게 폐기되어야 한다. 그래야 경제가 유지된다. 한없이 버려지는 폐기물은 수거되어 어디론가 사라지고, 키보드만 두드리면 하시라도 보다 산뜻한 신제품이 손안에 주어진다.

그러면 체제 진화의 끝은 여기까지고, 마음을 차분하게 하여 이성적인 소비를 하게 되면 이 축복 가득한 황금의 소비 시대의 한구석이나마 차지하고 안주하여 무난한 일생을 구가할 수 있을까? 아마 천만의 말씀일 것이다.

바로 그처럼 안정이 보편화된 상태는 기존 체제의 종말을 의미하므로 그런 무료하고 위험하기 짝이 없는 상태의 확대를 미연에 방지하기 위해서라도 고삐를 더욱 다잡을 수밖에 없다. 치명적이었던 차별화, 고급화 전략도 소비를 부추기며 체제를 견인할 주동력으로 삼고 안주할 수 없는 수상한 시절이 도래했다. 어떤 이성도 간섭할 수 없는 항구적인 소비 상품으로는 세상에 무엇이 있을까?

살펴보니 그것은 '공기'와 '물'이었다. 포착했으면 바로 실행에 들어가야 한다. 그리하여 이미 개설된 탄소배출권 시장에 적절한 들러리를 내세워 약간의 활성화만 가하면 공기도 서서히 상품으로 변신할 것이지만 우선은 물이 보다 용이하다. 그래서 누상정부의 계시와 그 믿음에 대한 의지가 없었다면 결코 극복할 수 없는 개미 떼 서리 같은 반대를 일소에 부치고 착착 진행된 이른바 '4대강 사업'의 운하 논쟁은 성동격서의 전형일 뿐 실은 물 가두기 공사였다. 흘러가야만 하는 강물을 왜 막았겠는가! 산간 곳곳 골짜기에 처음부터 자리해 있는 저수지 못둑에 쥐도새도 모르게 박힌 무슨 公社 팻말은 무엇이란 말인가!

별 이변 없이 이 상태가 지속된다면 서서히 다가와서 꼼짝없이 덮쳐지는 올가미처럼 의도하는 세상이 서서히 우리가 살아가는 현실에 펼쳐질 것이다. 이것이 바로 경을 친 세상의 말로인 것이다.

경을 친 세상!

지난날 어른들이 고약한 언행을 일삼는 자를 '경칠 놈'이라 하고 고약한 세태를 두고 '경칠 놈의 세상'이라고 했다. 오늘날까지도 극도의 혐오감이 표출되는 이 말의 의미는 과연 무엇일까?

經 자는 어떤 근본이나 기본을 말한다. 이를 친다는 말이 설치를 의미하든 파손을 의미하든 그것은 상관이 없다. 결코 침범할 수 없는 자연의 영역, 그 불가침의 영역을 무뢰하게 건드린다는 말이고 결국 무도하다는 말이다.

經이라는 글자로 인하여 세상의 많은 經典들도 정체가 궁금하다. 본 일서를 통하여 자문을 구해봤다. 동일한가 여쭤보니 그렇다고 답한다.

생명현상의 기본은 에너지이고
이는 궁극적으로 태양에서 나온다

생명체는 일생을 유지하기 위해서 일반적으로 보다 효율적인 상태가 요구되므로 그 일생은 에너지 확보를 위한 투쟁의 연속으로 볼 수 있다. 여기서 유독 인간에게는 각자 주어진 삶을 위한 노력 행위 앞에 생명으로 나아가는 길과 멸망으로 나아가는 길, 즉 선善과 악惡이라는 절대적 명제가 대두하게 된다.

이는 인류가 먹이사슬의 정점에 위치하게 되면서부터 주어진 책임이라고 볼 수밖에 없고, 이 분별을 위해 종교적 가르침이 인간사회에 자리하게 되었다. 그것이 바로 중력 작용의 결과로 형성된 자연계의 법칙을 벗어나지 않는 한계에 대한 가르침이라 할 수 있다. 다시 말하면 종교란 무적의 존재가 된 인간들이 스스로 자멸을 피할 수 있도록 돕는, 한계에 대한 일깨움이라고 할 수가 있는 것이다.

그러나 제국이라는 블랙홀에 빠졌다가 원초적 뿌리를 근거로 부활하여 오늘에 이른 종교는 어떻게 정의되고 있는가?

> 종교: 신이나 절대자를 인정하여 일정한 양식 아래 그것을 믿고 숭배하고 받듦으로써 마음의 평안과 행복을 얻고자 하는 정신문화의 한 체계.
>
> — 새국어사전

이것은 정신의 최면화지, 종교라고 이름할 수 있는 것이 아니다. 그리하여 상징은 역사로 둔갑했고, 순환의 논리는 천당과 환생의 논리로 둔갑했고, 따라서 관조의 창이 닫혔으니 눈앞의 물질만 바라보게 되었다. 지속 가능한 경제 체계가 허물어졌으니 개발과 진출밖에는 살아갈 길이 없게 되었고, 그렇게 이 천지지간 만물의 영장이라 자부하는 인류가 쌓은 역사의 결과가 앞에서 살펴본 대로 제국화 세상이라는 요지부동의 패러다임을 견지한 채 '경제학자와 정신이상자만이 믿는다'라는 무한성장, 그 멸망의 언덕을 향해 미친 듯이 질주하는 것이 엄연한 지금의 현실이다.

　　　　　　　　도덕경 백서본, 그 어느 무신론자의 독백

폭풍이 몰아치고 살을 에는 엄동설한의 무자비한 자연계에서 산간 지방과 평야 지방에서 살아가는 지혜가 각기 다르고, 내륙과 해안에서 살아가는 사고방식이 같을 수 없다. 그런데 어떻게 보편적인 지식 체계, 보편적인 신상이 성립될 수 있겠는가!

사물의 본질을 이해하고 참다운 이치를 깨닫게 하는 지혜를 총 600권의 문집으로 집대성한 것이 대반야바라밀다경이고, 이의 정수를 뽑아 간결하게 설한 것이 반야심경이라고 한다. 불가에서는 이것을 무릉도원으로 들어가는 차돌바위 문을 여는 주문이나 되는 양 시시때때로 목탁 반주에 맞추어 중얼거리고 있다.

중언부언 장황하기 짝이 없는 260여 글자의 요지는 색즉시공色卽是空이다. 이것은 19세기 후반 서구의 과학이 어부지리 격으로 확립한 '열역학 제1법칙'을 이미 말하고 있는 것에 다름이 아니다.

우주의 에너지 총량은 언제나 일정하여 창조되거나 파괴될 수 없다는 것이 제1법칙이다. 그리고 단지 그 형태는 오직 한 방향, 즉 유용한 상태에서 무용한 상태로, 획득 가능한 상태에서 획득 불가능한 상태로 바뀔 뿐이라는 것이 제2법칙이다.

어부지리라고 표현한 것은 서구 사회가 천 년을 고수해온 '예정론적 세계관'은 신학적 차원에서는 결코 폐기할 수 없지만 일반적인 현실에서는 귀신 씻나락 까먹는 소리에 불과할 뿐이므로 일고의 망설임도 없이 묵살하고, 뉴턴 등에 의해서 도출된 '기계론적 세계관'을 따라 이승의 유토피아를 추구하며 지구촌 곳곳으로 한없이 진출할 때 모순 가득한 그들의 상식이 수시로 한계에 직면한 결과로 말미암아 제1법칙보다 먼저 도출된 것이 '열역학 제2법칙'이기 때문이다. 막장 드라마처럼 전개되는 현실은 모두 이처럼 어부지리로 주워든 지식 체계에서 기인한다.

자연으로 돌아가라!

그러나 그들에게 있어 자연으로 되돌아갈 길은 이미 영원히 찾지 못할 미로가 된 지 오래되었고 그 목소리 또한 가증스러울 뿐이다. 가공스런 폭력과 착취로 말미암아 풍요를 구가하는 불가사의한 현실, 그래서 불안정한 영혼들이 실질의 세계는 까마득히 망각하고 관념론에 빠져 내뱉는 공허한 구호를 위안 삼아 지탱한 지 한 세기가 지난 후 그들의 세수로 21세기라는 수상한 시기를 맞이했다.

"질서 창조에 쓰여진 에너지는 환경오염, 인플레, 실업, 암 등의 이름으로 오히려 우리 인류에게 혼돈만 가중시켰을 뿐이다. 이제 우리는 지구 자원의 한계를 인식하고 우리가 사용하는 기술에 대한 한계를 설정하는 엔트로피 세계관(열역학 제2법칙 패러다임)을 받아들여야 한다. 만약 그렇게 하지 못하면 인류의 역사는 우리 세대에서 끝나게 될지도 모른다."

그러나 긴가민가하며 새 밀레니엄을 맞이했지만 악의 세력이 자행한 테러에 의해 세계화 전초기지 가운데 하나인 월가의 한 쌍둥이 빌딩이 고스란히 무너졌을 뿐, 해와 달이 빛을 잃고 하늘의 별이 떨어지며 야수 같은 자들에 의해서 십자가에 못 박혀 죽었던 사람이 권능을 떨치며 재림하는 이변은 일어나지 않았다. 따라서 지상의 에덴동산, '예루살렘'을 재건하는 전선에는 이상이 없다.

　　"우리의 생활 방식은 재고의 여지가 없고 이에 대한 어떤 시비도 용납되지 않는다!"

지구가 하나 더 있어도 조만간에 고갈될 에너지를 소비해야 하는 경제 체제를 유지하고 있어도 어느 누구라도 그 망나니의 칼부림에 대적할 수 없을 것이니 분명히 그럴 것이다. 그런데 사실 열역학 제2법칙은 기하급수적 성장만이 유일하게 용납되는, 자본주의에 의한 산업화 사회에서는 필연적인 법칙이지만 필멸의 생명체들이 생존 본연에 대한 상식이 남아 있는 사회에서는 무용한 법칙이다.

지난날 아라비아반도 유목민들은 사막 가운데 유전 지대 여기저기에서 피어오르는 파란 불꽃을 '악마의 불'이라 하며 접근조차 하지 않았다. 아메리카 원주민들은 붉은 태양이 떠오르는 한 그들의 생명도 영원함을 믿었다.

그렇게 모두는 스스로 주어진 자연환경 아래 부단히 적응한 결과 미련 없는 삶을 영위했다. 그런데 그 지혜와 그 믿음이 제국의 망나니들이 휘두르는 칼날 아래 아침 이슬처럼 사라진 이후 인간계는 무력을 장악한 조직 깡패가 전횡하는 세상이 되었다.

生命은 모두가 어느덧 본래의 无로 돌아간다

생존에는 스스로를 도모한 나머지 그 귀천이 하늘과 땅만큼의 차별이 조장되어 있었지만 돌아갈 때는 이별의 슬픔도 사무치는 추억도 모두가 남겨진 자들의 몫일 뿐이다. 망자의 육신은 이윽고 오감에 감지되지 않는 본래의 원자로 돌아가고 육신을 기틀 삼아 자리하던 사랑하고 미워했던 스스로의 자의식도 다 같이 영원한 망각 속으로 사라질 뿐이다. 아무런 차별이 없는 것이다.

비록 암울한 인간세계로 접어들 조짐이 움트던 시기의 로마였지만 그래도 제정기 이전, 소위 말하는 기원전의 세상을 살았던 '루크레티우스'는 말했다.

"이 세계를 포함한 사물은 결국 붕괴되어 그 구성요소인 원자로 돌아간다. 그리고 그 원자로부터 영원한 물질의 군무 속에서 다시 다른 사물이 형성된다. 사후세계에서의 처벌이나 보상 같은 것은 있을 수 없다. 이 땅에서의 삶이 인간 존재가 가지고 있는 전부다."

자본이 눈도 귀도 없는 무형체인 까닭으로, 귀신에 조금도 다름 아닌 법인法人을 창조하고 내세워 생사여탈의 권력을 오로지 취하고 있는 오늘날의 세상이다. 이런 세상에서 잠시라도 방심하면 내일의 생존이 보장되지 않는 노심초사의 황폐한 나날을 살아가는 대부분의 고달픈 인생들이 결국은 피할 수 없는 피안의 희망마저 앗아가는 가혹한 말이 될지라도 생명은 진실에 의지해 있는 것이리라.

지난 옛날 제국의 그림자가 어른거리며 먹구름처럼 덮쳐 올 암울한 조짐의 세상을 보면서 한 성인이 차마 침묵하지 못하고 독백처럼 세상에 던져놓은 일서, 드디어 덮쳐진 암흑으로 인해 오늘에 이르도록 전혀 이해하지 못했던 것을 감히 말하지만 불초한 어떤 자가 우연히 보고 그 묶여 있던 실마리는 풀었다고

생각한다. 지적한 것을 참고로 삼고 스스로 새겨서, 바야흐로
세계화된 혼미한 세상을 하염없이 헤매는 현실에서 어떤 하나
의 이정표가 되기를 바랄 뿐이다.

하빈

                                           도덕경 백서본, 그 어느 무신론자의 독백